VORWORT

Es liegt nahe, die Psalmen aus dem Alten Testament, die Lobgesänge und Klagelieder, die Hymnen und Gebete in einem besonderen Buch herauszugeben. Es ist oft und oft wie selbstverständlich geschehen, und manchmal scheint es so, als seien wir uns des weiten Abstandes zwischen ihnen und uns nicht eigentlich bewußt.

Wer aber die alten Gebete nachspricht, betet sie nicht mehr im Vorhof des Tempels von Jerusalem, sondern in einer sehr anderen Welt. Und der Gott, den er anredet, trägt für ihn andere Züge, als er sie für das jüdische Volk im ersten Jahrtausend vor Christus trug. Im Grunde sind sie ihm deshalb wichtig, weil das Alte zum Neuen Testament gehört und weil Jesus Christus ihm irgend etwas bedeutet.

Er wird darum jene alten Lieder auswählen, je nach ihrer Nähe zu Jesus Christus, zu seinem Geist und seiner Botschaft, und er wird Lieder einbeziehen, die nicht im Psalter stehen, sondern an anderen Stellen des Alten oder Neuen Testaments. Er wird sie anders ordnen, nämlich so, wie sie den Themen und Gelegenheiten seines eigenen Betens entsprechen. Vor allem wird ihm dabei immer wieder Jesus Christus vor Augen stehen, und so wird er sie vielleicht mit Tafelbildern alter Meister verwenden wollen, auf denen dem nachdenklichen Betrachter seine, des Meisters, Lebens- und Leidensgeschichte geschildert wird. Das vorliegende Buch hat sich all dies zur Aufgabe gesetzt.

Denn wenn wir mit den Worten der Psalmen »aus der Tiefe rufen«, dann tun wir es, weil Jesus Christus es mit eben jenen Worten getan hat. Wenn wir mit den alten

Lobgesängen Gott preisen, der »hoch über den Mächten des Abgrunds seinen Thron habe«, dann deshalb, weil wir Jesus Christus kennen, von dem ein Hymnus im Neuen Testament rühmt, er sei der Herr, vor dem »alle Knie sich beugen sollen im Himmel, auf der Erde und unter der Erde«.

In den alten Worten bedenken wir den Weg, den er über diese Erde ging, und gehen mit, so gut es uns gelingen will. Wir vertrauen darauf, daß wir dabei unser eigenes Wort und unseren eigenen Weg finden werden und daß er, den wir mit den Worten der Psalmen anreden, unsere Stimme hören wird.

Jörg Zink

LASS DIR GEFALLEN, WAS ICH DIR SINGE

Herr, unser Herrscher, wie herrlich, daß du da bist!
Dein Glanz strahlt aus dem Himmel
über die Welt hin.

Wenn Kinder dich anrufen,
ja wenn eben Geborene schreien,
rühmen wir dein Werk und freuen uns deiner Macht.
Da sind uns leeres Gerede die Reden der Mächtigen,
die nichts wissen als das Gesetz ihres Hasses
und das Gesetz ihrer Rache.

Wenn ich den Himmel sehe, das Werk deiner Finger,
den Mond und die Sterne, die du geformt hast –
was ist der Mensch, daß du an ihn denkst,
das Kind eines Menschen, daß du es lieb hast?

Du hast ihm fast die Würde
eines himmlischen Wesens gegeben.
Mit Schönheit und Adel hast du ihn gekrönt.
Du gabst ihm den Auftrag,
Herrscher zu sein über alles, was du geschaffen.
Alles legtest du ihm zu Füßen:
Schafe und Rinder und die wilden Tiere überall.
Die Vögel unter dem Himmel
und die Fische im Meer
und was immer im Meer sich bewegt.

Herr, unser Herrscher,
wie herrlich, daß wir dich kennen.
Wie gut, daß du da bist!

Herr, deine Güte reicht, so weit der Himmel ist,
und deine Wahrheit, so weit die Wolken gehen.
Deine Gerechtigkeit steht fest wie die gewaltigen Berge.
Dein Recht reicht weit wie das große Meer.
Wie kostbar ist deine Güte, Herr!
Zu dir kommen die Menschenkinder
und finden Schutz im Schatten deiner Flügel.
Sie werden satt von den reichen Gütern deines Hauses,
und du tränkst sie mit Wonne wie mit einem Strom.
Denn bei dir ist die Quelle des Lebens,
und in deinem Lichte schauen wir das Licht.

Herr, du erforschest mich und kennest mich.
Ich sitze oder stehe auf, so weißt du es,
du verstehst meine Gedanken von ferne.
Ich gehe oder liege, so bist du um mich
und siehst alle meine Wege.
Ja, es ist kein Wort auf meiner Zunge,
das du, Herr, nicht genau kenntest.
Von allen Seiten umgibst du mich
und hältst deine Hand über mir.
Das ist zu wunderbar, zu unbegreiflich,
zu hoch für meine Gedanken.

Wohin soll ich gehen vor deinem Geist?
Wohin fliehen vor deinem Angesicht?
Steige ich empor zum Himmel, so bist du da,
bette ich mich bei den Toten, so bist du auch dort.
Nehme ich Flügel der Morgenröte
und bleibe am äußersten Meer,
so wird mich deine Hand auch dort finden
und deine Rechte mich packen.
Spreche ich: Finsternis möge mich decken
und Nacht statt Licht um mich sein!,
so ist auch Finsternis nicht finster bei dir,
und die Nacht leuchtet wie der Tag!

Denn du hast meine Nieren bereitet
und hast mich gebildet im Mutterleibe.
Ich danke dir dafür, daß ich wunderbar gemacht bin.
Wunderbar sind deine Werke,
und meine Seele versteht das wohl.
Es war dir mein Gebein nicht verborgen,
als ich im Geheimen gemacht ward,
als ich gebildet wurde unten in der Erde.
Deine Augen sahen mich in meiner Urgestalt.
In deinem Buch geschrieben waren alle meine Tage.
Alle Tage waren gestaltet, als noch keiner da war.

Aber wie schwer sind für mich, Gott, deine Gedanken!
Wie gewaltig ist ihre Zahl!
Wollte ich sie zählen, so wären sie mehr als der Sand.
Wäre ich zu Ende – noch immer wäre ich bei dir!

Erforsche mich, Gott, und erkenne mein Herz!
Prüfe mich und erfahre, wie ich's meine!
Und sieh, ob ich auf bösem Wege bin,
und leite mich auf ewigem Wege!

Glücklich der Mensch,
der nicht lebt nach dem Rat und Vorbild der Bösen,
der die Wege nicht betritt,
die ihn in Schuld führen,
der sich nicht mit denen gemein macht,
die verächtlich reden von Gott
und spöttisch von Menschen, die an ihn glauben.
Glücklich, wer Gottes Weisungen in sein Herz nimmt
und über sie nachsinnt Tag und Nacht.

Der ist wie ein Baum, der an einem Wasserlauf steht,
der Kraft hat, Frucht zu tragen, wenn es Zeit ist,
und dessen Blätter nicht verwelken.
Glück und Gelingen liegen über seiner Arbeit.

Wie aber sind die Gottlosen?
Wie Spreu sind sie, die der Wind verweht.
Wenn Gott Gericht hält, treibt es sie davon,
und sie haben nicht Stand noch Halt
unter den Freunden Gottes.
Denn Gott begleitet die Seinen, die ihn suchen,
und führt sie ans Ziel.
Der Gottlosen Weg aber endet im Tod.

Der Herr ist mein Hirte,
mir wird nichts mangeln.
In einer reichen Aue ist meine Weide,
frisches Wasser quillt mir,
wo immer er mich hinführt.
Er erquickt meine Seele.
Er führt mich auf rechten Wegen,
denn Gott ist es, der mich leitet.

Und wenn ich im finstern Tal wandre,
fürchte ich doch kein Unheil, denn du bist bei mir.
Dein Stab, dein Speer,
sie schützen mich und geben mir Frieden.
Du deckst einen Tisch vor meinen Augen,
allen meinen Feinden zum Trotz.
Du salbst mein Haupt mit Öl
und füllst meinen Becher.

Mit Güte und Freundlichkeit
umgibt mich der Herr alle Tage meines Lebens,
und ich habe Wohnrecht in seinem Haus,
jetzt und in Ewigkeit.

ICH WILL DICH RÜHMEN, HERR!

Ich will dich rühmen, Herr!

Mein Gott, wie bist du so groß!
Pracht und Glanz sind dein Kleid,
Licht hüllt dich ein wie ein Mantel.
Du spannst den Himmel aus wie ein Zelt
und thronst hoch über allen Himmeln.
Wolken sind deine Wagen,
auf Flügeln des Windes fährst du dahin.
Winde laufen vor dir her wie Herolde,
Blitz und Feuer umgeben dich und dienen dir.

Zuverlässig ist die Erde, auf der wir stehen,
du hast sie gegründet.
Das Urmeer deckte sie einst wie ein Kleid,
über den Bergen standen die Wasser.
Aber vor deinem Schelten flohen sie,
vor deinem Donner flossen sie davon.
Die Berge stiegen hoch empor,
und die Täler senkten sich hinab
an den Ort, den du ihnen bestimmt.
Eine Grenze hast du gesetzt,
die übersteigen sie nicht,
nie kehren sie wieder, die Erde zu decken.

Du läßt die Bäche rinnen durch die Täler,
zwischen den Bergen laufen sie dahin.
Sie tränken die Tiere auf dem Feld,
und die Wildesel löschen ihren Durst.
An ihren Ufern wohnen die Vögel,

die unter dem Himmel fliegen,
und singen unter den Zweigen.

Du tränkst die Berge mit deinen Wassern,
aus deinen Wolken sättigt sich die Erde.
Du lässest Gras sprießen für die Tiere
und Saatgrün unter der Arbeit des Menschen,
daß er sich Brot aus der Erde hole
und Wein, der sein Herz erfreut.
Daß sein Gesicht fröhlich sei von dem Öl,
das er erntet,
und daß das Brot sein Herz stärke.

Satt trinken sich die Bäume des Herrn,
die Zedern des Libanon, die du gepflanzt hast,
wo die Vögel nisten,
der Storch, dessen Haus die Zypressen sind.
Die hohen Berge gehören dem Steinbock,
Felsen geben dem Klippdachs Wohnung.

Du hast den Mond gemacht, die Zeit zu bestimmen,
und die Sonne, die ihren Lauf kennt
bis zum Niedergang.
Du, Herr, schaffst Finsternis. Es wird Nacht,
und das Getier des Waldes beginnt sich zu regen.
Die Löwen brüllen nach Raub
und fordern ihre Speise von dir.
Wenn die Sonne aufstrahlt,
ziehen sie heim und legen sich in ihre Höhlen.

Da tritt dann der Mensch heraus, geht an sein Werk
und tut seine Arbeit bis zum Abend.
Herr, unendlich reich sind deine Werke.
In deiner Weisheit hast du sie alle erschaffen,
und die Erde ist deiner Schöpfungen voll.

Da ist das Meer, so groß, weit und breit!
Ein Gewimmel, Tiere, groß und klein,
es ist nicht zu zählen.

Dort ziehen Schiffe dahin,
und Schreckensgestalten leben in der Tiefe.
Du hast sie gemacht, damit zu spielen.

Sie alle warten auf dich,
daß du ihnen Nahrung gibst zur rechten Zeit.
Wenn du ihnen gibst, dann essen sie.
Wenn du deine Hand auftust,
werden sie satt an guter Speise.
Verbirgst du dein Antlitz, so erschrecken sie,
nimmst du weg ihren Atem,
so sterben sie und werden wieder zu Staub.
Gibst du ihnen deinen Atem, so entstehen sie,
und neu wird das Leben auf der Erde.

Die Herrlichkeit des Herrn bleibe in Ewigkeit,
der Herr freue sich seiner Werke.
Ich will dem Herrn singen mein Leben lang.
Ich will meinem Gott spielen, solange ich bin,
und wünschte, er hätte Freude an meinem Singen.

Ich freue mich über den Herrn.

Groß und wundersam sind deine Werke,
Herr Gott, Herrscher der Welt!
Gerecht und klar sind die Wege,
die du gehst, König der Völker!
Wer sollte dich, Herr, nicht fürchten?
Wer sollte dich nicht preisen?

Du allein bist heilig!
Alle Völker werden kommen
und niederfallen vor dir.
Denn nun ist der Welt sichtbar,
daß es gerecht ist, was du tust.

Du Tochter Zion! Freue dich!
Tochter Jerusalems, jauchze!
Sieh auf! Dein König kommt zu dir,
ein Gerechter und ein Helfer!
Sanft ist er und reitet auf einem Esel,
auf einem jungen Füllen der Eselin.
Er wird die Kriegswagen entfernen aus Ephraim,
die Kriegsrosse aus Jerusalem!
Den Bogen der Krieger wird er zerbrechen
und Frieden den Völkern geben.

Lobe, meine Seele, den Herrn.
Ich will den Herrn rühmen, solange ich lebe,
und meinem Gott spielen, solange ich bin.

Verlaßt euch nicht auf einen Fürsten,
einen Menschen ohne Macht.
Wenn er den Geist aushaucht, wird er zu Erde,
und alle seine Pläne sind an dem Tage dahin.
Glücklich, dessen Hilfe der Gott Jakobs ist,
der seine Hoffnung auf den Herrn, seinen Gott, setzt,
den Schöpfer des Himmels und der Erde,
des Meeres und all seines Lebens,
auf den, der Treue hält in Ewigkeit,
der Recht schafft den Bedrückten
und den Hungrigen Brot gibt.
Der Herr macht die Gefangenen frei,
er macht die Blinden sehend,
richtet auf die Gebeugten und liebt die Gerechten.
Der Herr behütet die Heimatlosen
und schützt Waise und Witwe.
Es herrscht der Herr als König für ewig,
dein Gott, Zion, für alle Zeit.

Rühmet alle den Herrn!

Am Ende der Tage wird es geschehen:
Da wird der Berg,
auf dem des Herrn Haus errichtet ist,
feststehen, höher als alle Berge
und über die Hügel erhaben.
Die Völker werden zu ihm hinströmen,
viele Völker werden sagen:
»Kommt, laßt uns zum Berg Gottes hinaufsteigen,
zum Tempel des Gottes Jakobs,
daß er uns seine Gesetze lehre
und wir nach seinen Ordnungen leben mögen!«
Denn vom Zion geht Weisung hinaus
und das Wort Gottes von Jerusalem.

Gott wird Gerechtigkeit schaffen
zwischen den Völkern
und den mächtigen Reichen Recht sprechen.
Sie werden ihre Schwerter umschmieden
in Pflugscharen
und ihre Lanzen in Winzermesser.
Es wird kein Volk wider das andere
das Schwert erheben,
und sie werden nicht mehr lernen,
wie man Krieg führt.
Ein jeder wird unter seinem Weinstock sitzen
und unter seinem Feigenbaum,
und niemand wird ihn schrecken.
Der Mund Gottes hat es gesprochen.

Und du Bethlehem!
Du bist klein unter den Städten in Juda.
Aber aus dir soll der kommen,
der ein Herr sein wird über Israel,
er, der aus der Vorzeit herkommt,
aus den Tagen der Urzeit.

Mache dich auf! Werde Licht, denn dein Licht kommt,
und der Glanz des Herrn erstrahlt über dir.
Schau hin! Finsternis bedeckt die Erde
und Dunkel die Völker,
doch über dir strahlt der Herr auf,
und sein Lichtglanz breitet sich über dir aus.
Völker ziehen zu deiner Helligkeit
und Könige zu dem Schein, der über dir aufstrahlt.
Hebe deine Augen auf:
Alle, die du siehst, sind unterwegs zu dir.
Deine Söhne kommen von fern,
deine Töchter wird man auf dem Arm herbeitragen.
Du wirst fröhlich sein und strahlen
und in Jubel ausbrechen.
Dein Herz wird beben und weit werden,
wenn die Völker am Meer
mit ihren Schätzen zu dir strömen
und der Reichtum der Völker zu dir kommt.
Aus Saba werden sie kommen,
Gold und Weihrauch werden sie bringen
und von den Ruhmestaten des Herrn reden.

Der Friede selbst wird dein Land regieren,
und die Gerechtigkeit wird über dich herrschen.
Man wird in deinem Lande
nicht mehr von Verbrechen hören,
nicht mehr von Umsturz und Gewalttat.
Die Sonne wirst du nicht mehr brauchen
als Licht für den Tag
und den Mond nicht mehr zum Schein für die Nacht.
Gott selbst wird dein ewiges Licht,
Gott wird dein Glanz sein.
Deine Sonne wird nicht mehr untergehen
und dein Mond nicht mehr den Schein verlieren.
Denn der Herr wird dein ewiges Licht sein,
und die Tage deines Leidens sind zu Ende.
Alle, die zu dir gehören, werden Gott gefallen.
Sie werden gerecht und wahr sein,
und Gott wird ihnen Leben, sprossendes Leben schaffen.

Jauchzt dem Herrn zu, alle Lande!
Besinget seine Herrlichkeit,
rühmt ihn in Ehrfurcht.
Sprecht: Wunderbar sind deine Werke!
Deine Feinde müssen sich beugen
vor deiner großen Macht.
Alle Welt beuge sich vor dir
und singe dir, singe deinem Namen.
Kommt und schaut die Werke des Herrn,
der so gewaltig ist in seinem Tun
über den Menschenkindern.

Er wandelt das Meer in trockenes Land,
sie schreiten zu Fuß durch den Strom,
und wir freuen uns seiner.
Er herrscht ewig mit seiner Gewalt.
Seine Augen schauen auf die Völker,
Empörer können sich nicht erheben vor ihm.

Huldigt, ihr Völker, unserem Gott
und laßt sein Lob laut erschallen!
Der unsere Seele am Leben erhält
und bewahrt unsere Füße, daß sie nicht gleiten.
Denn, Gott, du hast uns geprüft,
geläutert, wie Silber geläutert wird.
Du hast uns in Bedrängnis geführt,
hast unserer Schulter Lasten auferlegt,
Menschen taten uns Gewalt,
wir schritten durch Wasser und Feuer,
aber du hast uns herausgeführt
in die Freiheit.

Nun komme ich mit Brandopfern in dein Haus
und erfülle, was ich versprochen,
was ich dir gelobt mit meinen Lippen,
als ich in der Bedrängnis war.
Ja, gelobt sei mein Gott,
der mein Gebet nicht verwirft
noch seine Güte von mir wendet.

Herr, dich lobt man in der Stille zu Zion.
Dir opfert man versprochene Dankbarkeit.
Du erhörst Gebet,
darum kommt alles Fleisch zu dir.
Unsere Missetat drückt uns hart,
darum wollest du uns vergeben.

Glücklich, den du erwählst,
der sich dir nahen darf,
in deinen Höfen am Tempel zu wohnen,
und sich zu laben von den Gütern deines Hauses!
Ja, heilig ist dein Tempel!

Mit großen Taten beweisest du deine Gerechtigkeit,
Gott, unser Heil!
Du Zuversicht aller Enden der Erde
und der fernen Inseln.

Du hast die Berge gegründet in deiner Kraft,
du bist gerüstet mit Stärke.
Du dämpfst das Brausen der Meere,
das Brausen ihrer Wellen
und das Toben der Völker!
Die Bewohner der Weltenden erschrecken
vor deinen Zeichen.

Fröhlich machst du sie alle gegen Morgen und gegen Abend.
Du suchst das Land heim und überschüttest es mit Wasser.
Du machst es überreich.
Mit Wasser gefüllt ist der Bach Gottes.

Du bereitest das Korn, ja, so bereitest du es:
Du wässerst die Furchen, du ebnest die Schollen,
du weichst sie auf mit Regen und segnest das Gewächs.
Du krönst das Jahr mit deinem Gut.
Wo du gingst, da ist Reichtum.

Die Auen in der Wüste freuen sich.
Die Hügel in der Runde jubeln.

Die Weiden kleiden sich mit Herden
wie mit einem Gewand,
die Täler hüllen sich in Korn wie ein Kleid.
Sie jubeln einander zu,
ja, sie singen dir, Herr.

ICH HABE MEIN HERZ STILL GEMACHT

Herr, mein Herz will nicht Ansehen, nicht Macht.
Meine Augen schauen nicht nach Ruhm
und nicht nach Reichtum aus.
Ich gehe nicht mit großen Plänen um
und nicht mit Träumen über Dinge,
die mir unerreichbar sind.

Ich habe mein Herz still gemacht,
und Frieden ist in meiner Seele.
Wie ein gestilltes Kind, das bei seiner Mutter schläft,
wie ein gesättigtes Kind, so ist meine Seele still in mir.

Verlaß dich auf den Herrn, Israel,
von nun an bis in Ewigkeit.

Bei dir, Herr, bin ich geborgen,
laß mich nicht zugrunde gehen!
In deiner Treue rette mich.
Neige zu mir dein Ohr, eilends hilf mir!
Sei mir ein schützender Fels,
eine feste Burg, die mich rettet.
Denn mein Fels und meine Burg bist du.
Treu bist du und verläßlich,
darum wollest du mich leiten und führen.
Befreie du mich aus dem Netz,
das man mir heimlich gelegt hat,

denn du bist meine Zuflucht.
In deine Hände befehle ich meinen Geist,
du hast mich erlöst, Herr, du treuer Gott.

Ich freue mich und bin fröhlich über deine Güte,
denn du hast dich meines Elends angenommen
und die Not meiner Seele gesehen.
Du gibst mich nicht meinen Feinden in die Hand,
sondern stellst meine Füße auf freien Grund.
Auf dich, Herr, verlasse ich mich
und spreche: Du bist mein Gott!
Meine Zeit steht in deinen Händen!
Laß über deinen Knecht dein Antlitz leuchten
und hilf mir in deiner Güte.
Laß mich nicht zugrunde gehen,
denn ich rufe dich an.

Wie reich ist, Herr, deine Güte,
die du denen zugedacht hast, die dich fürchten,
die du denen bereitet hast,
die sich bei dir bergen.
Gepriesen sei der Herr,
denn er hat seine wunderbare Güte
mir bewiesen in der Bedrängnis.
Ich zwar dachte in meinem Zagen:
Ich bin verstoßen von deinen Augen!
Doch du hörtest mein lautes Flehen,
als ich zu dir schrie.
Liebet den Herrn, alle seine Heiligen!
Die Treuen behütet der Herr,
doch er straft mit vollem Maß
den, der im Hochmut einhergeht.
Seid stark und unverzagten Herzens,
alle, die ihr auf den Herrn wartet!

Behüte mich, Gott, denn ich flüchte zu dir!
Ich sprach zu dem Herrn: Mein Gott bist du,
ich weiß von keinem Glück außer dir.
Herr, mein Gut bist du, mein Becher,
du bist es, der mein Los mir bestimmt.
Mir ist das Los gefallen auf liebliches Land.
Ja, mein Erbe gefällt mir wohl.

Ich habe den Herrn alle Zeit vor Augen,
steht er zu meiner Rechten, so wanke ich nicht.
Darum freut sich mein Herz,
meine Seele ist fröhlich,
und auch mein Leib wird sicher wohnen.
Denn du wirst mich nicht dem Tode überlassen
und nicht zugeben, daß dein Heiliger das Grab sehe.
Du zeigst mir den Weg, der zum Leben führt.
Vor dir ist Freude und Fülle
und Wonne in deinem Reich ewiglich.

Wohl dem, der den Herrn fürchtet
und auf seinen Wegen geht!

Was deine Hände erschaffen, fürwahr, du darfst es essen!
Heil dir! Gut steht es um dich.
Deine Frau gleicht einem fruchtreichen Weinstock
drinnen in deinem Hause,
wie junge Ölbäume sitzen deine Kinder
um deinen Tisch her.
Ja, Segen empfängt der Mann,
der den Herrn fürchtet.
Es segne der Herr dich vom Zion her,
schauen mögest du Jerusalems Glück dein Leben lang
und sehen die Kinder deiner Kinder!

Friede über Israel!

TAGE DES FESTS

Ich will mich über den Herrn freuen.
Alles, was in mir ist,
mein Herz und mein Geist, soll ihn rühmen!

Ich will mich über den Herrn freuen
und will all das Gute nicht vergessen,
das ich von ihm empfangen habe.
Er hat mir alle meine Schuld vergeben
und hat heil gemacht,
was in mir zerbrochen war.
Er hat mir das Leben noch einmal geschenkt,
als es schon verloren schien.
Er hat mich mit Freundlichkeit geschmückt
wie mit einer Krone.
Er hat mich reich und überreich gemacht
an allen Gütern, die ich mir wünschte.
Er hat meine Kraft erneuert,
wie das Gefieder des Adlers neu wird.

Barmherzig und freundlich ist der Herr,
geduldig und reich an Güte.
Er geht nicht mit uns um,
wie wir es verdient hätten,
und lohnt uns nicht,
wie es unserer Schuld entspräche.
Denn so hoch der Himmel über der Erde ist,
so mächtig leuchtet seine Freundlichkeit
über die, die zu ihm gehören.
So weit der Osten vom Westen entfernt ist,

so weit rückt er unsere Untaten von uns weg.
Wie ein Vater sich liebevoll
um seine Kinder kümmert,
so kümmert sich der Herr
um alle, die mit ihm Ernst machen.
Denn er weiß, was für Geschöpfe wir sind.
Er denkt daran, daß wir Staub sind.

Des Menschen Lebenskraft ist wie Gras,
er blüht wie eine Blume auf dem Feld.
Wenn der Wind darüber streift,
steht sie nicht mehr, und sie ist unbekannt
an der Stelle, an der sie blühte.
Gottes Freundlichkeit aber bleibt
von einer Ewigkeit zur anderen.
Seine Treue besteht über Generationen hin,
bei Kindern und Enkeln,
bei allen, die Ernst machen mit ihm,
die sich an ihn binden,
wie er sich an sie gebunden hat,
und die sich mühen,
nach seinen Geboten zu leben.

Der Herr hat im Himmel seinen Thron,
und seine Macht regiert die Welt.
Rühmet den Herrn, ihr, alle seine Heere,
ihr, alle seine Diener, die seinen Willen tun.
Rühmet den Herrn,
die ihr von ihm gemacht seid,
Engel und Menschen,
Sterne und alle anderen Werke des Herrn,
an allen Orten seiner Welt.
Und du, meine Seele, rühme den Herrn.

Danket dem Herrn!
Denn er ist freundlich, und seine Güte währet ewig!
So sollen die sprechen, die Gott erlöst hat,
die er in allen Ländern an ihr Ziel geführt hat,
von Osten und Westen,
von Norden und Süden her.
Verirrt waren sie in der Wüste, der Einöde.
Sie fanden den Weg nicht zur wohnlichen Stadt,
hungrig und durstig waren sie,
und ihre Kehle vertrocknete.
Da schrien sie nach Gott in ihrer Not,
und er rettete sie aus ihrer Angst,
führte sie auf den rechten Weg
und leitete sie zu der Stadt, die sie suchten.
Nun sollen sie danken.
Sie sollen Gott danken für seine Güte
und für die Wunder, die er an den Menschen tut:
daß er die lechzende Kehle erfrischt
und den Hunger mit Nahrung gestillt hat.

(Danket dem Herrn – so sollen sprechen,)
die gefangen waren in der Finsternis,
gefesselt in Eisen und in Elend,
weil sie Gottes Willen getrotzt
und die Mahnung des Höchsten verachtet.
Er aber beugte in Qualen ihr Herz.
Sie stürzten, und niemand half ihnen auf.
Da schrien sie nach Gott in ihrem Elend,
und er half ihnen aus ihrer Angst.
Er führte sie aus Dunkel und Finsternis
und zerriß ihre Fesseln.
Sie sollen nun danken.
Sie sollen Gott danken für seine Güte
und für die Wunder,
die er an den Menschenkindern tut.

(Danket dem Herrn, denn er ist freundlich,
und seine Güte besteht immer und ewig.
So sollen sprechen,) die Gott erlöst hat,

die krank waren, weil sich ihre Sünde rächte,
daß sie keine Nahrung mehr aufnahmen
und schon an der Pforte des Todes standen.
Da schrien sie zu Gott in ihrer Not,
und er rettete sie aus ihrer Angst.
Er sprach ein Wort, und sie wurden gesund
und entrannen dem Tode unversehrt.
Nun sollen sie danken,
sie sollen dem Herrn danken für seine Güte
und für die Wunder, die er an den Menschen tut.
Sie sollen ein Opfer bringen
und ihre Dankbarkeit zeigen
und mit Freude erzählen, was Gott getan hat.

(Danket dem Herrn, so sollen sprechen,
die der Herr erlöst hat,)
die auf den Schiffen über das Meer fuhren
und ihren Handel trieben auf dem großen Wasser.
Sie haben gesehen, was Gott tun kann.
Sie haben seine Wunder geschaut über dem Abgrund.
Er ließ einen Sturm aufstehen und peitschte die Wellen hoch,
und sie fuhren hinauf zum Himmel
und wieder hinab in den Abgrund
und verzagten in ihrer Angst.
Sie tanzten und schwankten wie Betrunkene.
Mit all ihrer Kunst war es zu Ende.
Da schrien sie zu Gott in ihrer Not,
und er rettete sie aus ihrer Angst.
Er verwandelte den Sturm in ein Säuseln,
und die Wellen des Meeres beruhigten sich.
Sie freuten sich, daß es so still war
und Gott sie an das ersehnte Ufer führte.
Sie sollen nun danken.
Sie sollen Gott danken für seine Güte
und für die Wunder,
die er an den Menschenkindern tut.

Als der Herr unser Schicksal wandte
und uns freiließ,
da waren wir wie die Träumenden.
Da war unser Mund voll Lachen
und unsere Stimme voll Jubel.
Da sagte man unter den Völkern:
Der Herr hat Großes an ihnen getan.
Ja, Gott hat Großes an uns getan,
und wir waren fröhlich
über seine Freundlichkeit.

Wende nun, Herr, unser Schicksal aufs neue.
Du gibst den Bächen im Südland Wasser,
wenn sie trocken sind.
Gib nun auch uns Leben aus deiner Kraft.

Die mit Tränen säen,
werden mit Jubel ernten.
Man schreitet den Acker hin und wieder zurück –
und weint und wirft den Samen aus.
Aber mit Jubel wird man heimkehren
und seine Garben hoch auf der Schulter tragen.

Mit meinem Lob will ich dich erhöhen,
mein Gott, du König!
Dich will ich preisen immer und allezeit.
Täglich will ich dich loben
und will dich preisen immer und allezeit.

Groß bist du, Herr, und hoch zu rühmen,
unerforschlich ist deine Größe.
Ein Geschlecht künde dem anderen deine Werke
und verkündige deine gewaltigen Taten.
Von dem herrlichen Glanz deiner Hoheit
sollen sie reden
und nachsinnen deinen Wundern.

Sie sollen deiner großen Güte gedenken
und deine Gerechtigkeit besingen.

Gnädig und barmherzig ist der Herr,
geduldig und von großer Huld.
Gütig ist der Herr uns allen,
all seine Geschöpfe umfängt sein Erbarmen.
Preisen sollen dich, Herr, alle Geschöpfe,
und deine Heiligen dich rühmen.
Dein Königreich ist ein ewiges Reich,
und deine Herrschaft währt alle Zeit.
Der Herr hält die Fallenden
und richtet die Gebeugten auf.

Aller Augen warten auf dich,
und du gibst ihnen ihre Speise zur rechten Zeit.
Du tust deine Hand auf
und sättigst alles, was lebt, mit deiner Wohltat.
Gerecht ist der Herr in allen seinen Wegen
und huldreich in allen seinen Taten.
Der Herr ist nahe denen, die ihn anrufen,
allen, die ihn mit Ernst anrufen.
Mein Mund soll des Herrn Ruhm verkündigen,
und alle Menschen sollen ihn rühmen
immer und allezeit.

So danket nun alle Gott,
der große Dinge tut an allen Enden;
der uns von Mutterleib an Gutes tut
und barmherzig mit uns handelt.
Er gebe uns ein fröhliches Herz
und verleihe uns allezeit Frieden
in Israel wie in den Tagen der Vorzeit.
Seine Freundlichkeit bleibe bei uns
und erlöse uns heute und solange wir leben.

Ich hoffte auf den Herrn,
und er neigte sich zu mir
und hörte mein Schreien.
Er zog mich aus der grausigen Grube,
aus Schmutz und Schlamm,
er stellte meine Füße auf Felsgrund
und machte fest meine Schritte.
Er legte ein neues Lied in meinen Mund,
einen Lobgesang auf unseren Gott.
Da werden viele Gottes Größe erkennen
und ihm vertrauen.

Glücklich der Mann,
der sein Vertrauen auf den Herrn setzt
und sich nicht auf die Gewalttätigen stützt
und nicht auf die in Lüge Verstrickten.
Herr, mein Gott, groß sind deine Wunder
und deine Gedanken über uns. Nichts ist dir gleich!
Wollte ich sie verkündigen, von dir reden,
ich fände weder Anfang noch Ende.
Opfer und fromme Gesten gefallen dir nicht,
aber die Ohren hast du mir aufgetan.

Ich sprach: Ja, ich will kommen.
Im Gesetz steht, was ich tun soll.
Deinen Willen, o Gott, habe ich lieb,
und deine Weisung trage ich im Herzen.
Ich verkündige deine Gerechtigkeit
in der Versammlung.

Meine Lippen will ich nicht schließen,
du weißt es.
Deine Gerechtigkeit verberge ich nicht
in der Tiefe meines Herzens.
Von deiner Treue und Hilfe erzähle ich.
Ich verhehle nicht deine Gnade und Wahrheit
vor der großen Gemeinde.

Du aber, Herr, wollest deine Barmherzigkeit
nicht wenden von mir,
laß deine Güte und Treue allzeit mich behüten.
Denn Leiden umgeben mich ohne Zahl,
meine Sünden rächen sich an mir
und verdunkeln mir den Blick.
Zahlreicher sind sie als die Haare meines Hauptes,
und mein Herz ist verzagt.

Laß dir's gefallen, Herr, mich zu erretten!
Eile, Herr, mir zu helfen!
Mögen sich schämen und in Schande fallen,
die meinen Tod suchen.
Laß sich freuen und fröhlich sein über dich
alle, die nach dir fragen,
und die dein Heil lieben, sollen sagen:
Groß ist der Herr!
Elend bin ich und arm, der Herr aber denkt an mich.
Du bist mein Helfer und mein Retter,
säume nicht, du, mein Gott!

Der Herr ist mein Licht und mein Heil.
Vor wem sollte ich mich fürchten?
Der Herr ist meines Lebens Kraft.
Vor wem sollte mir grauen?
Wenn die Gewalttäter versuchen,
mein Leben auszulöschen,
straucheln und fallen sie.
Wenn ganze Heere gegen mich antreten,
fürchtet sich doch mein Herz nicht.
Bricht um mich her eine Verfolgung los,
so verlasse ich mich auf ihn.

Eins bitte ich von Gott: Ich hätte gerne,
daß ich im Hause des Herrn bleibe mein Leben lang.
Dort möchte ich sein,
wo man von seiner Freundlichkeit erzählt
und ihn ehrt in der Schönheit seines Tempels.
Denn in seinem Haus finde ich Schutz,
wenn mich Unheil umgibt.
Er birgt mich wie in einem Zelt,
auf einen festen Felsen stellt er mich.
Er gibt mir Gelassenheit,
erhobenen Hauptes hinzusehen
über die, die mir drohen.
Darum will ich ihm danken in seinem Haus
und ihn preisen.
Ich will singen und spielen ihm, meinem Herrn.

Herr, höre meine Stimme, wenn ich rufe!
Sei mir gnädig und erhöre mich.
Mein Herz hält dir dein Gebot vor:
»Ihr sollt mein Antlitz suchen!«
Darum suche ich, Herr, dein Antlitz!
Verbirg dein Antlitz nicht vor mir
und verstoße nicht im Zorn deinen Knecht.
Du bist meine Hilfe! Verlaß mich nicht
und ziehe die Hand nicht ab von mir, Gott, mein Heil.
Denn Vater und Mutter verlassen mich,
aber der Herr nimmt mich auf.

Herr, weise mir deinen Weg.
Leite mich auf ebener Bahn,
daß ich bestehe vor meinen Feinden.
Gib mich nicht preis der Gier meiner Gegner,
denn falsche Zeugen stehen wider mich auf
und tun mir Unrecht ohne Scheu.
Ach, wenn ich nicht die Gewißheit hätte,
zu schauen die Güte des Herrn
im Lande der Lebendigen!
Hoffe auf den Herrn!
Fest und stark sei dein Herz
und hoffe auf den Herrn!

Der Geist Gottes ruht auf mir,
denn einen Auftrag hat mir Gott gegeben,
eine Botschaft: Freude für die Elenden!
Er hat mich gesandt, die wunden Herzen zu verbinden,
den Gefangenen die Freiheit anzukündigen
und den Gefesselten die Erlösung, und zu rufen:
Jetzt ist die Stunde, in der Gott hilft!
Die Trauernden soll ich trösten;
die in Trauerkleidern umhergehen,
in Festgewänder hüllen.
Den Schwermütigen, die stumm sind in ihrem Leid,
soll ich ein Lied singen: Lobgesang und Dank.

Ich freue mich an Gott,
meine Seele ist fröhlich über Gott.
Denn er hat mir ein Festkleid angelegt und gesagt:
»Es ist alles gut zwischen dir und mir.«
Wie einem Bräutigam
hat er mir den Kopfschmuck umgebunden
und wie einer Braut den Brautschmuck.
Denn wie die Erde ihr Gewächs hervorbringt
und der Garten seine Saaten emportreibt,
so läßt der Herr Heil sprossen
und Ruhm vor allen Völkern.

FÜR DIE MÄCHTIGEN BITTE ICH

Herr, die Worte deines Rechts
übergib dem König
und deine Gesetze dem Königssohn,
daß er dein Volk richte in Gerechtigkeit
und die Bedrängten rette mit Recht,
daß die Berge Frieden bringen dem Volk
und die Hügel Gerechtigkeit.

Solange die Sonne scheint, möge er leben,
solange der Mond leuchtet,
von Geschlecht zu Geschlecht.
Er gleiche dem Regen, der auf die Aue fällt,
den Tropfen, die da feuchten das Land.
Gerechtigkeit sprosse in seinen Tagen
und Fülle des Heils, bis der Mond seinen Schein verliert.

Herrschen soll er von Meer zu Meer,
von dem Strom bis ans Ende der Erde.
Die Söhne der Wüste sollen sich beugen,
Staub sollen lecken seine Feinde vor ihm.
Die Könige von Tarsis, die Könige der Inseln
sollen Geschenke bringen,
die Könige aus Scheba und Saba
Tribut herzutragen.

Ja, huldigen sollen ihm alle Könige,
alle Völker ihm dienen,
denn er rettet den Armen, der ihn anfleht,
den Elenden, der keine Hilfe hat.

Er erbarmt sich des Schwachen und Armen,
das Leben schützt er der Geringen.
Aus Gewalt und Frevel macht er sie frei,
und kostbar ist ihr Blut in seinen Augen.

Er lebe! Gold gebe man ihm, Gold aus Saba!
Ja, man bete für ihn und segne ihn allezeit.
Voll stehe das Korn im Land,
es rausche auf den Gipfeln der Berge!
Wie Wälder des Libanon rausche die Frucht!
Seine Halme sollen blühen,
gedeihen das Kraut des Feldes.

Ewig bestehe sein Name
und gedeihe, solange die Sonne scheint!
Durch ihn sollen Segen empfangen die Völker,
ihn sollen sie preisen!
Gelobt sei der Herr, der Gott Israels,
der allein Wunder tut,
und gepriesen sein herrlicher Name in Ewigkeit.
Seine Macht fülle die Erde.
Amen! Amen!

Eines wünschen wir uns:
daß Gott freundlich ist und uns segnet.
Daß er uns Licht gibt, das Licht seiner Liebe,
damit wir auf unserer Erde wissen,
welche Wege wir gehen sollen,
und alle Völker das Ziel sehen,
zu dem er führen will.

Die Völker sollen dir danken, Gott,
danken sollen dir alle Völker.
Sie sollen sich freuen,
daß du Recht und Ordnung gabst
und deinen Willen behauptest unter den Menschen.

Die Völker sollen dich preisen, Gott.
Preisen sollen dich alle Völker,
daß du ihr Leben erhältst mit Frucht aus der Erde.

Gott segne uns,
daß auch aus unserem Herzen Frucht wächst:
Glaube und Dank.
Es segne uns Gott, und alle Welt ehre ihn.

Herr, der du vorzeiten
gnädig gewesen bist deinem Lande,
der du befreit hast die Gefangenen Jakobs,
der du deinem Volk vergeben hast seine Schuld
und seine Sünde bedeckt,
der du abgelegt hast deinen Unwillen
und gestillt die Glut deines Zorns –
hilf uns nun, Gott, unser Helfer,
und laß ab von deiner Ungnade gegen uns.
Willst du uns nun nicht wieder erquicken,
daß dein Volk sich über dich freue?
Herr, laß uns deine Huld schauen
und gewähre uns dein Heil!

Hören will ich, was der Herr redet.
Redet er nicht von Rettung
zu seinem Volk und zu seinen Frommen?
Ja, es ist Hoffnung für sie!
Ja, seine Hilfe ist nahe denen, die ihn fürchten,
seine Herrlichkeit wird wohnen in unserem Lande;
Güte und Treue werden einander begegnen,
Gerechtigkeit und Frieden einander finden.
Treue sproßt aus der Erde empor,
und Gerechtigkeit leuchtet vom Himmel herab.
Auch schenkt uns der Herr das Gute,
Gerechtigkeit geht vor ihm her,
und Heil folgt seinen Spuren.

Herr, der König freut sich über deine Macht,
und über deine Hilfe ist er fröhlich!
Den Wunsch seines Herzens hast du erfüllt,
hast nicht verweigert, was sein Mund bat.
Du gabst ihm die Fülle seines Segens
und setztest auf das Haupt ihm die goldene Krone.
Er bat dich um Leben – du gabst es ihm,
langes Leben, für immer und ewig.
Groß ist seine Herrlichkeit durch deine Hilfe,
Pracht und Hoheit empfing er von dir!
Du segnest durch ihn für immer dein Volk
und erfreust ihn mit Wonne vor deinem Angesicht.
Denn der König vertraut auf den Herrn,
durch die Güte des Herrn wird er festbleiben.

Ein Gebet für den König:
Der Herr erhöre dich am Tage der Not,
die heilige Nähe des Gottes Jakobs sei dir ein Schutz.
Er sende dir Hilfe aus dem Heiligtum,
und vom Berge Zion aus stehe er dir bei!
Er gebe dir, was dein Herz begehrt,
und lasse dir deine Pläne gelingen.
So wollen wir jubeln, daß er dir hilft,
und über unseren Gott jauchzen.
Alle deine Bitten erfülle der Herr!

Ich weiß nun, daß der Herr seinem Gesalbten hilft!
Er erhört ihn aus seinem heiligen Himmel
und hilft ihm mit seiner mächtigen Hand.
Diese vertrauen auf Wagen und jene auf Rosse,
wir aber rufen den Namen unseres Gottes an.
Sie alle sind gestürzt und gefallen,
wir aber stehen und halten stand.

Hilf, Herr, dem König!
Erhöre uns an dem Tag, da wir rufen!

SCHÜTZE DIE STADT

Ein Wallfahrtslied:
Ich freute mich über jene, die mir sagten:
Laßt uns pilgern zum Hause des Herrn!
Nun stehen unsere Füße in deinen Toren, Jerusalem!

Jerusalem, mächtig gebaute Stadt,
stark in deinen Mauern!
Zu dir ziehen die Stämme hinauf, die Stämme des Herrn.
Eine Ordnung ist es für Israel,
den Namen des Herrn zu preisen. Denn fürwahr!
Dort stehen die Throne des Gerichtes,
die Throne des Hauses David!

Bittet um Glück für Jerusalem!
In Frieden mögen sie sein, die dich lieben!
Heil wohne in deinen Mauern
und Frieden in deinen Palästen!
Um meiner Brüder und Freunde willen
wünsche ich Heil dir!
Weil du das Haus des Herrn birgst,
das Haus unseres Gottes, will ich dein Bestes erbitten.

Ich freue mich über die Stadt Gottes
und will nicht schweigen.
Ich freue mich über Jerusalem, die Stadt,
und rede und singe von ihr,

bis ihr Heil aufgeht wie heller Schein
und ihr neues Leben wie eine Fackel brennt.
Die Völker werden sehen,
wie Gottes Wille in ihr geschieht,
und die Könige schauen die Pracht Gottes.
Man ruft dich mit einem neuen Namen,
den nur der Herr weiß.
Denn eine schöne Krone bist du,
ein königlicher Reif an der Hand deines Gottes.
Man nennt dich nicht mehr: »Du Verlassene!«
Und dein Land nicht mehr: »Unheimliche Öde!«
»Geliebte Gottes« nennt man dich
und dein Land »Geliebtes Weib«.
Denn wie ein Bräutigam sich freut über die Braut,
so freut dein Gott sich an ihr.

O Jerusalem, ich habe Wächter
auf deine Mauern gestellt,
die den ganzen Tag und die ganze Nacht
nicht mehr schweigen sollen.
Die ihr den Herrn erinnern sollt,
laßt ihm keine Ruhe,
bis er Jerusalem wieder aufrichtet,
daß es gerühmt und gepriesen werde auf der Erde.
Zieht ein! Zieht ein durch die Tore!
Ebnet dem Volk den Weg!

Bahnt, bahnt die Straße, räumt die Steine hinweg!
Saget den Bürgern von Zion: »Schaut hin! Euer Heil kommt!«
Man wird sie nennen »heiliges Volk«, »Erlöste des Herrn«,
und dich wird man nennen »Besuchte,
nicht mehr verlassene Stadt«.

Gott ist unsere Zuversicht und Stärke,
eine Hilfe in den großen Nöten, die uns getroffen haben.
Darum fürchten wir uns nicht,

wenngleich die Welt unterginge
und die Berge mitten ins Meer sänken.
Mögen tosen und brausen die Wasser,
mögen Berge erbeben vor ihrer Macht:
Der Herr der himmlischen Heere ist mit uns,
der Gott Jakobs ist unser Schutz.

Dennoch soll die Stadt Gottes sich freuen
an ihren Brunnen
und an den heiligen Wohnungen des Höchsten.
Der Herr ist in ihrer Mitte,
darum wird sie nicht wanken,
Gott hilft ihr früh am Morgen.
Völker toben, Königreiche fallen,
die Erde vergeht in seinem Donnern.
Der Herr der himmlischen Heere ist mit uns,
der Gott Jakobs ist unser Schutz.

Kommt her und schaut die Werke des Herrn,
der furchtbar seine Macht aufrichtet auf Erden.
Der die Kriege beendet in aller Welt,
der Bogen zerbricht, Spieße zerschlägt
und Wagen mit Feuer verbrennt.
»Laßt ab und erkennet, daß ich Gott bin,
erhaben unter den Völkern,
erhaben auf Erden.«
Der Herr der himmlischen Heere ist mit uns,
der Gott Jakobs ist unser Schutz.

Ein Lied zum Einzug in den Tempel:
Seid fröhlich, ihr Menschen, über euren Gott!
Dient eurem Gott mit singendem Herzen!
Kommt in sein Heiligtum und jubelt ihm zu!
Laßt euch sagen: Gott allein ist euer Herr!
Er hat uns gemacht, sein Eigentum sind wir,
sein Volk, seine Schafe, deren Leben ihm kostbar.

Ziehet durch seine Tore mit Dankbarkeit,
in seinen Vorhof mit Liedern, die ihn ehren.
Dankt ihm, redet von ihm, erzählt, was er getan hat,
und preiset ihn, euren Gott.
Denn der Herr ist gütig,
ewig währt seine Freundlichkeit,
und von Geschlecht zu Geschlecht seine Treue.

Die Erde gehört dem Herrn mit all ihrem Reichtum,
alle Länder gehören ihm
und die Menschen, die sie bewohnen.
Denn er hat das Land über dem Meer gebaut
und die heilige Ordnung über dem Chaos.
Wer darf hinaufsteigen auf Gottes Berg?
Wer darf seinen heiligen Tempel betreten?
Wer reine Hände hat und ein lauteres Herz,
wer seine Seele nicht schwer macht mit unnützen Dingen,
wer die Wahrheit liebt und der Lüge nicht Raum gibt.
Der wird Segen empfangen von Gott,
Gott wird ihm freundlich begegnen
und ja sagen zu seinem Bemühen.
So suchen die Menschen, die vor dem Tor stehen,
nach Gott,
sie suchen dein freundliches Wort, Herr,
du mächtiger Gott.

Werdet weiter, ihr Tore,
werdet höher, ihr uralten Pforten,
daß der König einziehe, den wir ehren.
Wer ist dieser König, den ihr ehrt?
Es ist Gott, der Starke, der Mächtige,
der Gott, der den Sieg hat.

Werdet weiter, ihr Tore!
Werdet höher, ihr uralten Pforten!
Der König will einziehen, dem die Ehre gebührt.

Wer ist dieser König, den ihr ehrt?
Es ist Gott, der Herr der Welt.
Ihm steht die Ehre zu, ihm, dem König.

Groß ist der Herr und hoch zu rühmen
in der Stadt unseres Gottes!
Sein heiliger Berg ragt prächtig empor,
die Wonne der ganzen Welt!
Der Herr in ihren Türmen ist ihr verläßlicher Schutz.
Denn hört! Könige waren versammelt,
zogen miteinander heran!
Als sie aufschauten, erstarrten sie,
sie erschraken und stürzten davon,
wie der Ostwind zerschmettert
die großen Schiffe im Meere.
Wie wir es hörten aus früherer Zeit,
so sahen wir selbst es mit eigenen Augen
an der Stadt unseres Gottes:
Der Herr hält sie in Ewigkeit.

Herr, wir gedenken deiner Güte in deinem Tempel.
Herr, deine Macht und dein Ruhm
reichen an die Enden der Erde.
Deine Rechte ist von heilbringender Kraft
Es freut sich der Berg Zion,
es jubeln die Töchter Judas
über die Wege, die du uns führst.
Umschreitet Zion, umzieht es!
Zählt seine Türme! Achtet auf seine Mauern,
damit ihr sie schildert dem künftigen Geschlecht.
Ja, es ist wahr:
Das ist Gott, unser Gott, für immer und ewig.
Er wird uns führen.

Stärket die müden Hände!
Macht fest die wankenden Knie!
Sagt den verzagten Herzen:
Seid getrost! Fürchtet euch nicht! Seht! Da ist Gott!
Er kommt, zu vergelten, er kommt und wird helfen!

Dann gehen die Augen der Blinden auf,
und die Ohren der Tauben öffnen sich,
dann werden die Lahmen springen wie ein Hirsch,
und die Zunge der Stummen wird Gott preisen.
Denn Wasser brechen hervor in der Wüste
und Ströme im dürren Lande.
Wo trockene Erde war, stehen Teiche,
in der Dürre quellen die Brunnen.
Wo Schakale zuvor lagen,
stehen Gras, Rohr und Schilf.
Freuen wird sich die Wüste,
freuen soll sich das dürre Land,
frohlocken die Steppe und blühen.
Wie die Narzissen soll sie blühen
und jauchzen und jubeln vor Lust.
Sie soll die Herrlichkeit Gottes schauen
und die Pracht des Herrn.

Es wird eine Straße sich auftun,
ein heiliger Weg für Gottes Volk.
Kein Gottloser wird ihn betreten,
nur die Heiligen Gottes werden ihn gehen.
Kein Löwe wird sie bedrohen,
kein reißendes Tier sie überfallen.
Erlöste Menschen werden wandern auf jener Straße.
Die Gefangenen, befreit durch den Herrn,
werden kommen,
nach Zion werden sie kommen mit Jauchzen.
Wie die Sonne wird Freude über ihnen strahlen.
Die Freude wird Gast sein in ihrem Haus
und Fröhlichkeit bei ihnen einkehren.
Und fern wie ein Flüchtling, der sich verbirgt,
werden das Seufzen sein und der Gram.

Gut ist es, dem Herrn Lob singen.
Schön ist es, ihm singen und spielen.

Der Herr baut seine heilige Stadt
und sammelt in ihr die Zerstreuten,
sein Volk.
Er heilt die zerrissenen Herzen
und verbindet ihre Wunden.

Er hat die Zahl der Sterne bestimmt
und ruft sie alle mit Namen.
Groß ist Gott und reich an Kraft.
Seine Weisheit ist unergründlich.
Der Herr hilft dem Gebeugten auf,
den Stolzen erniedrigt er in den Staub.

Fangt an und singt dem Herrn ein Danklied!
Spielt unserem Gott auf Instrumenten!
Er bedeckt den Himmel mit Wolken
und schenkt der Erde den Regen.
Er läßt Gras wachsen auf den Bergen,
Saatgrün als Lohn für die Arbeit des Menschen.
Er gibt den Tieren ihre Nahrung,
den jungen Raben, die zu ihm schreien.

Er freut sich nicht an Menschen,
die stolz einherschreiten
und wie Kriegsrosse sich gebärden,
und nicht an den Kräften eines Mannes.
Der Herr hat Freude an denen,
die Ernst machen, ihm zu gehören,
die ihr Herz öffnen,
seine Freundlichkeit zu empfangen.

Ein Lied zur Wallfahrt:
Wohlan, rühmet den Herrn, alle Knechte des Herrn,
die ihr des Nachts steht im Hause des Herrn.
Erhebt eure Hände zum Heiligtum
und rühmet den Herrn!
Vom Zion aus segne der Herr dich,
der Himmel und Erde geschaffen!

Ein Gebet Salomos:
Herr, der du gesagt hast: »Im Dunkel will ich wohnen«,
dir habe ich ein Haus gebaut zur Wohnung für dich,
eine Stätte als deinen Wohnsitz für ewige Zeiten.

Herr, Gott Israels, im Himmel nicht und nicht auf Erden
ist ein Gott, dir zu vergleichen!
Wie solltest du wohnen auf dieser Erde?
Siehe! Der Himmel
und aller Himmel Himmel fassen dich nicht,
wie sollte dies Haus es tun, das ich dir baute?
Nun wende dich zu meinem Flehen,
Herr, mein Gott, und höre das Gebet,
das dein Knecht vor dir spricht:
Laß deine Augen offenstehen
über diesem Hause Nacht und Tag,
über der Stätte, die du deinem Namen weihtest.
Ja, höre auf das Flehen deines Knechts

und deines Volkes Israel,
so oft sie hier bitten werden,
und wenn du es hörst, so wollest du gnädig sein.

Wenn jemand sich an seinem Nächsten versündigt,
so wollest du Recht schaffen deinen Knechten,
enthülle den Frevel des Frevlers
und schaffe Sühne für seine Tat,
sprich frei den, der im Recht ist.
und schaffe Gerechtigkeit.
Wenn dein Volk Israel geschlagen wird
von seinen Feinden,
weil es schuldig geworden an dir,
und es wendet dir sich zu,
bekennt sich zu deinem Willen
und betet und fleht in diesem Hause,
so wollest du hören im Himmel,
deinem Volk seine Sünde vergeben
und es zurückbringen in das Land,
das du seinen Vätern gegeben!

Wenn der Himmel verschlossen ist
und der Regen ausbleibt,
weil sie gesündigt haben an dir,
und sie beten zu dir an dieser Stätte
und bekehren sich von ihrer Sünde,
so wollest du hören im Himmel,
deiner Knechte Sünde vergeben
und Regen ausschütten über das Land,
das du ihnen als Erbe gegeben.
Auch auf den Fremden,
der nicht aus deinem Volk Israel stammt,
wenn er aus fernem Lande kommt,
weil er deinen Namen sucht,
– denn sie werden von dir hören,
von deiner mächtigen Hand
und deinem ausgestreckten Arm –
wenn er kommt, vor diesem Hause zu beten,
so wollest du hören im Himmel

und tun, was der Fremde erfleht,
daß alle Völker auf Erden dich finden
und sie dich fürchten wie dein Volk Israel.
Laß deine Augen offen sein,
sieh das Flehen deines Knechts
und deines Volkes Israel,
und höre sie, so oft sie dich anrufen,
denn aus allen Völkern der Erde
hast du sie erwählt
als dein Erbe, dein Eigentum.
Herr, mein Gott!

Herr, wer hat Wohnrecht in deinem Tempel,
wer darf bleiben auf deinem heiligen Berg?
Wer so lebt, wie du es befohlen hast,
und es wahrhaftig meint in seinem Herzen.
Wer über andere Menschen nicht redet,
nichts unternimmt, das Schaden stiftet,
und seinen Nachbarn nicht ins Unrecht setzt.
Wer den Gewissenlosen verachtet
und den ehrt, der den Herrn fürchtet.
Wer nicht falsch schwört
und seine Versprechen nicht bricht.
Wer sein Geld ausleiht, ohne Wucherzinsen zu nehmen,
und Geschenke nicht annimmt,
die ihn hindern, den Unschuldigen zu schützen.
Fest steht in Ewigkeit, wer so handelt.

Schön und köstlich ist's, dem Herrn danken
und deinem Namen lobsingen, du Höchster,
des Morgens deine Gnade
und des Nachts deine Wahrheit verkündigen
auf dem Psalter von zehn Saiten,
mit Spielen auf der Harfe.

Denn, Herr, du machst mich fröhlich
durch dein Walten,
und ich rühme die Taten deiner Hände.
Herr, wie ist dein Wirken so groß,
wie tief sind deine Gedanken.
Ein Törichter glaubt es nicht,
und ein Narr begreift es nicht.
Mögen doch die Gottlosen grünen wie das Gras
und die Übeltäter blühen wie Blumen,
ihr Ende ist doch ewiger Tod.
Aber du, Herr, bist der Höchste
und waltest in Ewigkeit!

Der Redliche grünt wie ein Palmbaum
und wächst wie eine Zeder des Libanon.
Die eingepflanzt sind im Hause des Herrn,
werden grünen in den Höfen am Tempel des Herrn.
Noch im Alter tragen sie Frucht,
bleiben saftig und frisch,
um die Verläßlichkeit des Herrn zu zeigen.
Denn er ist mein Fels,
und wer sich auf ihn stellt, hat festen Grund.

Preisen will ich den Herrn von ganzem Herzen
im Kreis der Frommen,
im Kreis der Gemeinde.

Groß sind die Taten des Herrn,
wer Freude an ihnen hat, wird sie erfahren.
Hoheit und Würde umgeben sein Tun,
und seine Gerechtigkeit besteht in Ewigkeit.

Wenn wir ihm dienen in seinem Tempel,
ihm singen und ihn anbeten,
gedenken wir seiner Wunder.
Er selbst hat die heilige Feier gestiftet,
er, der gnädige, der barmherzige Herr.
Speise gibt er denen, die ihn fürchten,
ewig hält er die versprochene Treue.

Seine gewaltigen Taten zeigte er seinem Volk,
als er ihm Wohnrecht gab mitten unter den Völkern.
Treue und Recht sind die Werke seiner Hände,
verläßlich sind alle seine Ordnungen.
Sie bestehen immer und ewig
und geben Bestand und Gerechtigkeit.
Eine Erlösung sendet er seinem Volk,
sein Versprechen gilt alle Zeit,
daß er es bewahren, es leiten will.
Heilig und erhaben ist seine Herrschaft.

Den Herrn zu fürchten ist der Anfang der Weisheit.
Einsicht gewinnt als Lohn,
wer seinen Willen erfüllt.
Ihn wollen wir rühmen in Ewigkeit.

Wie lieblich sind deine Wohnungen,
Herr, mein Gott!
Ich sehne mich nach deinem Haus,
dem Tempel und seinem Vorhof.
Mein Herz und mein Leib freuen sich
dem lebendigen Gott entgegen.

Nun hat auch der Sperling ein Haus gefunden.
Nun hat die Schwalbe ein Nest
für sich und ihre Jungen:
Deinen Altar, Herr, mein König, mein Gott.
Glücklich, die in deinem Haus wohnen,
die dich preisen Tag für Tag.

Glücklich, denen du Kraft gibst,
wenn sie auf dem Wege sind zu dir.
Wenn sie durch das trockene Tal ziehen,
das Bakatal in der Wüste,
läßt Gott für sie Quellen rinnen und Regen fallen,
daß es blüht wie ein Garten.
Sie wandern mit wachsender Kraft,
bis sie Gott finden auf dem heiligen Berg.

Denn Gott, der Herr, ist Sonne und Schild.
Mit Freundlichkeit umgibt er uns.
Glück gibt er reichlich denen,
die auf dem Weg sind zu ihm.
O Herr, mein Gott, glücklich der Mensch,
der keinen Schutz braucht als dich allein.

Ein Lied zur Wallfahrt:
Ich hebe meine Augen auf zu den Bergen:
Woher kommt mir Hilfe?
Meine Hilfe kommt von dem Gott,
der Himmel und Erde gemacht hat.

Er wird deinen Fuß nicht gleiten lassen,
und der dich behütet, schläft nicht.
Der Hüter Israels schläft und schlummert nicht.
Der Herr behütet dich.
Der Herr ist ein Schatten über deiner rechten Hand,
daß dir des Tages die Sonne nicht schade
noch der Mond des Nachts.

Der Herr behüte dich vor allem Übel,
er behüte deine Seele,
der Herr behüte deinen Ausgang und Eingang
von nun an bis in Ewigkeit.

Fürchte dich nicht,
dein Erlöser ist der Heilige Israels,
der der Gott der ganzen Erde heißt.
Der hat dich zu sich gerufen
wie eine verlassene und von Herzen betrübte Frau.
Kann man denn die Frau von sich stoßen,
die man in seiner Jugend geliebt hat?
fragt der Herr, dein Gott.
Ich habe dich einen kleinen Augenblick verlassen,
aber mit großem Erbarmen hole ich dich heim.
In Fluten des Zorns habe ich mein Antlitz
einen Augenblick verborgen,
aber mit ewiger Gnade
will ich mich deiner erbarmen,
spricht der Herr, dein Erlöser.

Es sollen wohl Berge weichen und Hügel hinfallen,
aber meine Gnade soll nicht von dir weichen,
und die Festigkeit meines Friedens
soll nicht hinfallen,
spricht der Herr, der sich deiner erbarmt.

Sucht den Herrn, solange er zu finden ist,
ruft ihn an, solange er nahe ist.
Der Gottlose lasse seinen Weg
und der Böse seine Gedanken.
Er kehre um zum Herrn,
der wird sich seiner erbarmen,
zu unserem Gott, denn bei ihm ist viel Vergebung.
Meine Gedanken sind nicht eure Gedanken,
und eure Wege sind nicht meine Wege,
spricht der Herr.

Sondern soviel der Himmel höher ist als die Erde,
sind auch meine Wege höher als eure Wege
und meine Gedanken als eure Gedanken.
Wie der Regen, der Schnee vom Himmel fällt
und nicht wieder dorthin zurückkehrt,
sondern die Erde feuchtet und fruchtbar macht
und sie sprossen läßt,
daß sie Samen dem Sämann gibt
und dem Essenden Brot,
so ist's mit dem Wort, das von mir ausgeht:
Es kehrt nicht ohne Wirkung zu mir zurück,
sondern tut, was mir gefällt,
und richtet aus, wozu ich es sende.

Ja, in Freuden sollt ihr ausziehen
und in Frieden geleitet werden.
Berge und Hügel sollen vor euch her jauchzen
und die Bäume auf dem Felde in die Hände klatschen.
Zypressen sollen wachsen, wo Dornen standen,
statt Brennesseln wachsen Myrten auf.
Dem Herrn zum Ruhm wird es geschehen,
zum ewigen, unvergänglichen Denkmal.

O Gott meiner Väter und Herr aller Güte,
der du alle Dinge gemacht hast
allein dadurch, daß du ihren Namen aussprachst,
du hast auch den Menschen
gebildet in deiner Weisheit,
daß er herrsche über deine Geschöpfe
und die Welt verwalte in Heiligkeit und Gerechtigkeit
und sie mit wissendem Herzen in Ordnung halte.

Gib mir die Weisheit,
die nirgends zu finden ist als bei dir allein,
und schließe mich nicht
aus dem Kreise deiner Kinder aus.
Denn ich bin dein Knecht und der Sohn deiner Magd,
ein schwacher Mensch,
dessen Leben rasch vorübergeht,
und ich weiß nicht genug über den rechten Weg
und die richtige Ordnung meines Lebens.
Und wenn auch jemand unter den Menschenkindern
vollkommen wäre,
so wäre er doch für nichts zu achten,
wenn ihm die Weisheit fehlte, die aus dir entspringt.

Du hast mich erwählt zum König deines Volks,
zum Richter deiner Söhne, deiner Töchter.
Die Weisheit, die deine Werke kennt, ist bei dir.
Sie war bei dir, als du die Welt erschufst.
Sie weiß, was deinen Augen wohlgefällig ist
und deinen Ordnungen gemäß.

Sende sie herab aus deinem heiligen Himmel,
von dem Throne deiner Herrlichkeit,
daß sie bei mir sei und mit mir wirke
und ich erkenne, was dir wohlgefällt.
Denn alles weiß sie und versteht es
und wird mich leiten bei allem, was ich tue,
mit Verstand
und in ihrem Lichtglanz mich bewahren.
So werden meine Werke dir gefallen,
gerecht werde ich dein Volk regieren
und des Thrones meines Vaters würdig sein.

Denn welcher Mensch weiß, was Gott plant?
Wer kann in seine Gedanken fassen, was Gott will?
Die Gedanken sterblicher Menschen sind ungewiß,
und unsere Pläne sind gefährlich.
Der schwache Leib ermüdet die Seele,
und die irdische Hütte
beschwert den zerstreuten Sinn.
Wir verstehen kaum, was auf Erden ist,
und erkennen nur schwer, was in den Händen ist.
Wer will das Himmlische erforschen?
Wie soll einer deine Weisung erfahren,
wenn du nicht Weisheit gibst
und deinen heiligen Geist aus der Höhe sendest?
So werden die Pfade der Erdbewohner richtig,
und die Menschen lernen, was dir gefällt,
und werden durch Weisheit gerettet.

Wohl denen, die ohne Tadel leben,
die nach dem Gesetz des Herrn handeln.
Wohl denen, die sich an seine Mahnungen halten
und ihn von ganzem Herzen suchen,
die auf seinen Wegen gehen und kein Unrecht tun.

Du hast deine Ordnungen gestiftet,
damit wir sie mit Eifer befolgen.
Ach, daß doch dies beständig wäre in meinem Leben,
daß ich deine Gebote wahre!
Wenn ich allein auf deine Weisungen schaue,
kann ich nicht scheitern.
Ich will dir danken mit aufrichtigem Herzen,
daß du mich deine gerechten Gebote lehrst.
Ich will sie halten;
verlasse du mich nie gänzlich.
Wie wird ein junger Mann seinen Weg rein halten?
So, daß er dein Wort bewahrt.

Ich freue mich über den Weg,
den deine Weisungen zeigen,
wie über großen Reichtum.
Über deine Ordnungen will ich nachsinnen
und auf deine Pfade schauen.
Tue mir wohl, deinem Knecht,
daß ich lebe und dein Wort bewahre.
Öffne mir die Augen, daß ich schaue
die Wunder an deinem Gesetz.
Ein Gast bin ich auf der Erde,
so verbirg deine Weisung nicht vor mir.
Herr, laß mir deine Gnade widerfahren,
deine Hilfe, wie du versprochen hast,
daß ich mich wehren kann gegen den,
der verächtlich über meinen Glauben redet,
denn ich verlasse mich auf dein Versprechen.
Entziehe nicht meinem Munde
das Wort der Wahrheit,
denn ich verlasse mich darauf,
daß du Gerechtigkeit schaffst.
Deine Weisung will ich allezeit bewahren,
immer und ewig.
So wandere ich fröhlich,
denn ich forsche deinen Ordnungen nach.
Ich rede von dem, was ich von dir weiß,
vor Königen, und schäme mich nicht.

Deine Gesetze singe ich, wie man ein Lied singt,
während dieses Lebens in der Fremde.
Ich denke des Nachts an dich, Herr,
und halte mich an deine Weisung.
Das ist mein Schatz,
daß ich deine Ordnungen bewahre.
Um Mitternacht stehe ich auf, dich zu preisen,
daß du Gerechtigkeit schaffst in deinem Wort.

Ehe ich leiden mußte, ging ich irre,
aber nun halte ich dein Wort fest.
Es war gut für mich, daß du mich gebeugt hast,
damit ich deine Weisungen lernte.
Denn das Gesetz, das dein Mund gesprochen hat,
ist mir lieber als viele tausende
von Gold- und Silberstücken.
Deine Hände haben mich gestaltet,
mich bereitet. So unterweise mich auch,
daß ich deine Gesetze lerne.

Was du geredet hast, bleibt in Ewigkeit,
fest steht es bei dir im Himmel.
Deine Wahrheit gilt für alle Zeit,
wie auch die Erde fest und beständig ist,
die du gegründet hast.
Wie du sie geordnet hast,
so besteht sie bis heute,
denn alles ist dir dienstbar.
Wäre dein Gesetz nicht mein Halt,
ich wäre vergangen in meinem Elend.
Nie will ich deine Gebote mehr vergessen,
denn durch sie hast du mich erquickt.

Ich habe gesehen,
daß alles noch so Vollkommene ein Ende hat,
aber dein Gesetz bleibt bestehen.
Dein Wort ist in meinem Munde süßer als Honig.
Eine Leuchte für meinen Fuß ist dein Wort
und ein Licht auf meinem Wege.

Ich trage meine Seele beständig in meinen Händen
und vergesse deine Gesetze nicht.
Darum liebe ich über alles deine Gebote,
mehr als Gold, mehr als feines Gold.
Ich freue mich über dein Wort wie einer,
dem eine reiche Beute zufällt.
Siebenmal am Tage preise ich dich
um der Gerechtigkeit willen, die von dir ausgeht.
Großen Frieden haben, die deine Weisung lieben,
sie werden nicht straucheln.
Ich warte auf dein Heil, o Herr,
und lebe nach deinen Geboten.
Laß meine Seele leben,
daß sie dich lobe,
und hilf mir durch deine Gerechtigkeit,
die du stiftest.

Erhöre mich, wenn ich rufe,
du Gott, in dessen Händen mein Recht ist,
der du mich tröstest in Angst,
erbarme dich und vernimm mein Gebet.

Ihr Mächtigen, wie lange schändet ihr meine Ehre?
Wie liebt ihr das Geschwätz!
Wie habt ihr die Lüge so gerne!
Erkennt doch, daß der Herr
seinen Heiligen wunderbar bewahrt,
er hört mich, wenn ich ihn anrufe.
Sinnet nur in euren Herzen, doch tut kein Unrecht!
Grollt mir auf eurem Lager, doch seid stille!
Bittet den Herrn um sein Urteil,
wenn ihr das Recht sucht, und opfert ihm.
Vertraut auf den Herrn!

Viele sagen: »Wer läßt uns das Heil sehen?«
Herr, laß du leuchten über uns

das Licht deines Antlitzes!
Du gibst mir mehr Freude ins Herz
als jenen, obwohl sie reich sind an Korn und Most.
Ich liege und schlafe ganz mit Frieden,
denn – so einsam ich bin –
du läßt mich sicher wohnen.

Neige, Herr, deine Ohren und höre mich,
denn elend bin ich und arm.
Bewahre meine Seele, denn ich bin dein,
hilf du, mein Gott, deinem Knechte,
der sich auf dich verläßt.
Herr, sei mir gnädig,
denn ich rufe täglich zu dir.
Erfreue die Seele deines Knechts,
denn zu dir, Herr, erhebe ich meine Seele.
Denn du, Herr, bist gütig und freundlich,
von großer Huld gegen alle, die dich anrufen.
In der Not rufe ich dich an,
denn ich weiß: Du hörst mich.

Herr, niemand ist dir gleich unter den Göttern,
und nichts gleicht den Werken, die du getan.
Weise mir, Herr, deinen Weg,
daß ich dahinwandre in deiner Wahrheit!
Erhalte mein Herz bei dem einen:
deinen Namen zu fürchten.
Ich will dir danken, mein Gott, von ganzem Herzen
und dich in Ewigkeit ehren.
Denn gütig warst du gegen mich
und hast mich errettet aus der Tiefe des Todes.

Herr, höre mein Gebet,
vernimm, was ich zu dir rufe,
denn du bist verläßlich
und stehst zu deinem Wort.
Geh nicht ins Gericht mit deinem Knecht,
denn vor dir ist keiner gerecht
unter allen Menschen.
Denn der Feind verfolgt mich
und tritt mein Leben zu Boden,
er stößt mich in Finsternis
wie die ewig Toten.

Ich denke an die früheren Zeiten,
ich sinne nach über all dein Tun
und betrachte die Werke deiner Hände.
Ich strecke meine Hände aus nach dir,
meine Seele verlangt nach dir
wie ein vertrocknendes Land.
Erhöre mich bald, o Herr,
denn mein Geist vergeht.
Verbirg nicht dein Antlitz vor mir,
daß ich nicht dem Tode verfalle.

Laß mich am Morgen deine Gnade hören,
denn ich vertraue auf dich.
Zeige mir den Weg, den ich gehen soll,
denn zu dir will ich gelangen.
Lehre mich deinen Willen tun,
dir will ich gehorchen.
Dein guter Geist leite mich auf ebener Bahn.

Wie ein Hirsch lechzt nach frischem Wasser,
so lechzt meine Seele, Gott, nach dir!
Meine Seele dürstet nach Gott,
nach dem lebendigen Gott.
Wann werde ich kommen und schauen
das Angesicht des Herrn?

Verzweifelt bin ich und weine Tag und Nacht,
während die Menschen mich täglich höhnen:
Wo ist nun dein Gott?
Daran denke ich
und schütte mein Herz aus bei mir selbst:
Wie ich ins Zelt des Erhabenen einzog,
in den Tempel des Herrn,
mit Frohlocken und Danken
in der Schar der Feiernden.

Was betrübst du dich, meine Seele,
und bist so unruhig in mir?
Harre auf Gott, denn ihm werde ich noch danken,
daß er meines Angesichtes Hilfe und mein Gott ist.

Betrübt ist meine Seele in mir, darum denke ich an dich
aus dem Lande am Jordan und am Hermon,
vom Berge Misar aus.
Deine Fluten rauschen daher,
und eine Tiefe holt die andere nach.
Alle deine Wasserwogen und Wellen gehen über mich.
Am Tage schaue ich aus nach Gott,

und bei Nacht ersehne ich seine Barmherzigkeit
und bete zu dem Gott,
in dessen Hand mein Leben steht.

Ich spreche zu Gott, meinem Fels:
Warum hast du mich vergessen?
Warum muß ich in Verzweiflung gehen,
allein und umringt von Spott?
Ich bin so zerschlagen, so ohne Kraft,
und die mich hassen,
reden den ganzen Tag auf mich ein:
Wo ist nun dein Gott?
Was betrübst du dich, meine Seele,
und bist so unruhig in mir?
Harre auf Gott, denn ich werde ihm noch danken,
daß er meines Angesichts Hilfe und mein Gott ist.

Sende dein Licht und deine Wahrheit,
sie mögen mich leiten
und bringen zu deinem heiligen Berg
und zu deinem Tempel.
So werde ich kommen zu deinem Altar,
zu meinem Gott, der meine Freude ist.
Ich werde jubeln und dir danken auf der Harfe,
Herr, mein Gott.

Was betrübst du dich, meine Seele,
und bist so unruhig in mir?
Harre auf Gott, denn ich werde ihm noch danken,
daß er meines Angesichts Hilfe und mein Gott ist!

Höre, du Hirte Israels!
Wie Schafe hütest du die Herde Joseph.
Erscheine, der du über den Cheruben thronst!
Zeige dich deinem Volk,
komm uns zu Hilfe mit deiner Macht!

Heile uns wieder,
laß leuchten dein Angesicht, daß wir genesen!

Du Herr der himmlischen Heere, Gott,
wie lange zürnst du
trotz der Gebete deines Volkes?
Du speisest uns mit Tränenbrot
und tränkst uns mit einem Krug voll Tränen.
Du gibst uns preis dem Willen unserer Nachbarn,
und unsere Feinde verspotten uns.
Du Herr der himmlischen Heere, Gott,
heile uns wieder.
Laß leuchten dein Antlitz, daß wir genesen!

Du hast uns aus Ägypten geholt,
wie einen Weinstock uns ausgegraben,
du hast Völker vertrieben und ihn eingepflanzt.
Du hast ihm Raum verschafft,
er schlug Wurzeln und erfüllte das Land.
Er streckte seine Ranken bis an das Meer,
seine Zweige bis an den Strom.
Warum hast du die Mauer zerbrochen,
die sein Schutz war,
daß seine Früchte abreißt, wer vorübergeht?
Der Eber aus dem Walde frißt ihn kahl,
die Tiere des Feldes weiden ihn ab.

Herr der himmlischen Heere, Gott, kehre zurück!
Schaue vom Himmel und sieh!
Nimm dich an deines Weinstocks!
Schütze den Garten, den du gepflanzt hast,
den Sohn, den du dir großzogst.
Die ihn verwüstet, verbrannt,
mögen vergehen vor deines Angesichts Drohen!
Deine Hand schütze den König,
den du eingesetzt hast, deinen Sohn!
Wir aber wollen nicht weichen von dir.
Gib uns Leben,
so wollen wir dich allein anrufen!

Du Herr der himmlischen Heere, Gott,
heile uns wieder!
Laß leuchten dein Antlitz, daß wir genesen!

Ich rufe zum Herrn in meiner Angst,
und er erhört mich.
Ich schreie aus dem Rachen der Hölle,
und er hört meine Stimme.
Du warfst mich in die Tiefe, mitten ins Meer,
die Fluten erfaßten mich.
Alle deine Wogen und Wellen gingen über mich hin.
Ich dachte: Ich bin vertrieben,
verstoßen aus deiner Nähe!
Wie sollte ich wieder aufschauen
zu deinem heiligen Tempel!

Die Wasser gehen mir an die Kehle,
die Flut umgibt mich,
Schilf schlingt sich mir um das Haupt.
Zu der Berge Gründen sank ich hinab,
der Erde Riegel schlossen auf ewig mich ein.
Aber du rettest mein Leben aus dem Verderben,
Herr du, mein Gott!
Meine Seele verzagt in mir, und ich denke an den Herrn.
Mein Gebet dringt zu dir in deinen heiligen Tempel.

Die sich an nichtige Götter halten,
verlieren, was ihnen lieb ist.
Ich aber will mit Worten des Danks dir opfern.
Ich gelobe es dir: Ich will es erfüllen.
Denn du, Herr, hilfst mir.

ICH VERHEHLE MEINE SCHULD NICHT

Ein Gebet Davids,
nachdem er mit Bathseba die Ehe gebrochen hatte:
Gott, sieh mich wieder an und sprich wieder mit mir!
Wenn du barmherzig sein willst,
dann nimm mir mein Unrecht ab.
Wasche meinen Schmutz ab von mir,
reinige mich von meiner Verfehlung.
Denn ich sehe, was ich getan habe,
und meine Untat steht mir immer vor Augen.
Ich habe ja nicht an Menschen Unrecht getan,
sondern an dir.
Nicht Menschen messen das Maß der Schuld.
Was böse ist, bestimmst allein du.
Dein Maß gilt und dein Urteil ist recht.
Nicht dich trifft die Schuld,
daß dies alles zwischen dir und mir steht.
Die Schuld trifft mich allein.

Aber sieh, ich bin ein schwacher Mensch.
Meine Mutter war schon schuldig,
ehe sie mich empfing.
Sieh mein Unrecht nicht an.
Schaffe es weg zwischen dir und mir.
Gib mir statt des alten ein neues Herz.
Einen klaren, festen Geist gib mir.
Wirf mich nicht weg
und nimm mir nicht deinen heiligen Geist.
Hilf mir, daß ich mich wieder freuen kann
an dem, was du mir gibst.

Steh mir bei und gib mir deinen Geist,
den Geist des Gehorsams.

Denn du freust dich nicht,
wenn einer mit Geld ausgleichen will,
was er Böses getan hat.
Du verkaufst deine Güte nicht gegen Spenden.
Mein Opfer, Herr, ist,
daß ich zerbrochen bin an mir selber.
Zerschlagen bin ich
und zerrissen in meinem Herzen.
Nimm das! Das bringe ich dir.
Ich weiß, du wirst, was ich bringe, nicht verachten.

Nach dir, Herr, verlangt mich,
zu meinem Gott erhebe ich meine Seele.
Tue mir kund, Herr, deine Wege
und lehre mich deine Pfade.
Leite mich in deiner Wahrheit,
denn du bist der Gott, der mir hilft.
Auf dich hoffe ich täglich.
Wende mir zu deine Barmherzigkeit, Herr,
und deine Güte, die von Ewigkeit her besteht.
Gedenke nicht der Sünden meiner Jugend,
denke aber an mich mit deiner Gnade,
denn ich weiß, daß du gütig bist.

Der Herr ist gütig und verläßlich,
darum zeigt er den Irrenden den Weg.
Er gewährt Gerechtigkeit den Bedrückten
und leitet die Elenden auf seiner Straße.
Alle seine Wege sind Huld und Treue
für alle, die seinem Willen nachleben.

Du bist der Herr, der Sünde vergibt,
so vergib meine Schuld, meine schwere Schuld.

Meine Augen sehen stets auf den Herrn,
er wird meinen Fuß aus dem Netze ziehen.
Wende dich zu mir und sei mir gnädig,
denn einsam bin ich und elend.
Die Enge meines Herzens mache weit
und führe mich heraus aus der Drangsal.
Bewahre meine Seele und errette mich,
laß mich nicht zugrunde gehen,
denn ich vertraue auf dich.

Erlöse Israel, o Gott,
aus allen seinen Nöten!

Gott, der Herr, der Mächtige,
redet und ruft in die Welt
vom Aufgang der Sonne bis zu ihrem Niedergang.
Vom Zion her strahlt er, von der Krone der Schönheit.
Unser Gott kommt und schweigt nicht.
Er ruft Himmel und Erde zu,
er wolle sein Volk richten:
»Versammelt mir meine Heiligen,
die den Bund mit mir schlossen beim Opfer.«
Verkündigen sollen die Himmel
seine Gerechtigkeit, denn Richter ist Gott selbst.

Höre, mein Volk, ich will reden!
Israel, ich klage dich an!
Ich bin Gott, bin dein Gott!
Nicht deiner Opfer wegen klage ich,
denn deine Opfer sind mir täglich vor Augen.
Ich will aber nicht den Stier aus deinem Hause,
nicht die Böcke aus deinen Hürden.
Denn alles Wild im Walde ist mein
und das Getier auf den gewaltigen Bergen.
Ich kenne alle Vögel in der Höhe,
und was sich regt auf dem Felde, ist mein.

Wenn mich hungerte, wollte ich dir's nicht sagen,
denn mir gehört die Erde und ihre Fülle.
Opfere Gott deine Dankbarkeit
und erfülle, was du in der Not versprochen hast.
Rufe mich an am Tage der Angst,
so will ich dich erretten,
und du sollst mich preisen.

Aber zum Übeltäter spricht der Herr:
Was redest du von meinen Ordnungen
und nimmst das Bundesrecht in deinen Mund,
da du doch die Zucht hassest
und meine Worte hinter dich wirfst?
Siehst du einen Dieb, so läufst du mit ihm,
Ehebrecher sind deine Freunde.
Dein Mund redet Bosheit,
deine Zunge speit Falschheit aus.
Schändlich redest du über deinen Bruder,
verleumdest den Sohn deiner Mutter.
Das tust du; würde ich schweigen,
wähntest du, ich sei dir gleich.
Aber ich weise dich zurecht
und stelle es dir vor Augen.
Begreift es doch, die ihr Gott vergesset.
Sonst raffe ich euch dahin,
und kein Retter könnte euch helfen.

Wer seine Dankbarkeit opfert, der preist mich.
Wer auf meinen Wegen gehorsam geht,
den lasse ich mein Heil schauen.

Glücklich, wem die Übertretungen vergeben sind,
wessen Sünde bedeckt ist.
Wohl dem Menschen,
dem der Herr seine Schuld nicht zurechnet,
in dessen Geist kein Trug ist.
Denn als ich es verschweigen wollte,
wurde ich krank und elend
unter meinem täglichen Stöhnen.
Denn schwer lag deine Hand auf mir
Tag und Nacht,
meine Zunge verdorrte
wie in den Gluten des Sommers.
So bekannte ich dir meine Verfehlung
und verhehlte meine Schuld nicht.
Ich sprach: Bekennen will ich dem Herrn
meine Übertretungen.
Da hast du die Schuld vergeben,
die aus meinem Ungehorsam kam.

Darum sollen alle Frommen zu dir beten
zur Zeit, da sie dich finden.
Wenn große Wasserfluten kommen –
sie werden sie nicht erreichen.
Du bist mein Schutz.
Du bewahrst mich vor Unheil,
mit rettenden Schilden umgibst du mich.
Zahllos sind die Schmerzen des Bösen,
wer aber dem Herrn vertraut,
den umgibt er mit Huld.

Freut euch über den Herrn.
Seid fröhlich, ihr Gerechten,
und jubelt, ihr Redlichen alle!

MEIN GESCHICK IST VON DIR

Ich habe mir vorgenommen:
Achthaben will ich auf meine Worte,
daß ich mich nicht verfehle mit meiner Zunge!
Ich will meinem Mund einen Zaum anlegen,
solange der Gottlose vor mir steht.
Stumm war ich und still,
ich schwieg – ohne Freude.
Da wurde mein Schmerz aufgerührt,
und heiß wurde mein Herz in meinem Innern.
Wenn ich seufzte, brannte es wie Feuer in mir,
so mußte denn meine Zunge sprechen:

Laß mich doch wissen, Herr, mein Ende,
und zeige mir das Maß meiner Tage,
damit ich weiß, wie vergänglich ich bin.
Sieh! Eine Spanne lang sind die Tage,
die du mir gesetzt hast,
wie nichts ist mein Leben vor dir!
Wie ein Hauch ist der Mensch,
der doch so sicher steht.
Wie ein Traumbild wandelt der Mensch dahin,
er macht sich Unruhe um nichts, er häuft auf
und weiß nicht, wer es einsammeln wird.
Nun, Herr, auf wen soll ich hoffen?
Mein Warten gilt dir allein.
Errette mich aus aller meiner Sünde
und laß mich nicht den Narren ein Spott werden,
Ich will schweigen und meinen Mund nicht auftun,
denn mein Geschick ist von dir.

Nimm weg von mir deine Plage,
denn unter dem Griff deiner Hand vergehe ich.
Wenn du den Menschen züchtigst
um seiner Sünde willen,
so verzehrst du seine Schönheit
wie die Motte ein Kleid.
Nur wie ein Hauch ist der Mensch.
Höre mein Gebet, Herr, und vernimm mein Schreien,
schweige nicht zu meinen Tränen!
Denn ich bin ein Gast bei dir,
ein Fremdling wie alle meine Väter.
Laß ab von mir, daß ich mich erquicke,
ehe ich dahinfahre und nicht mehr bin!

Entrüste dich nicht über die Bösen,
zürne nicht über die Übeltäter,
denn wie Gras werden sie bald verdorren,
verwelken wie grünes Kraut.
Vertraue auf den Herrn und tue, was recht ist,
bleibe im Lande und bewahre deine Festigkeit.
Freue dich an Gott, er wird dir geben,
was dein Herz wünscht.

Befiehl dem Hern deine Wege
und hoffe auf ihn, er wird's zu Ende führen,
er läßt deine Gerechtigkeit aufgehen wie das Licht
und dein Recht wie die Helle des Mittags.
Sei stille vor Gott und warte auf ihn.

Der Gottlose droht dem Rechtschaffenen
und knirscht mit den Zähnen gegen ihn,
aber der Herr lacht über ihn,
denn er sieht, daß sein Tag kommt.

Die Gottlosen ziehen das Schwert
und spannen ihre Bogen,

um den Elenden und Schwachen zu fällen
und den Frommen zu morden.
Aber ihr Schwert dringt ihnen selbst ins Herz,
und ihr Bogen zerbricht.

Ich sah einen Gottlosen: Der pochte auf Gewalt
und machte sich breit und grünte wie eine Zeder.
Ich kam vorüber: Da war er verschwunden.
Ich suchte ihn, er war nirgends zu finden.
Bleibe rein und halte dich recht,
denn eines solchen Mannes Ende ist das Heil.

Mein Mund soll reden, was ich erfahren habe,
und was mein Herz sagt, soll Wahrheit sein.
Ich neige dem Weisheitsspruch mein Ohr,
beim Klang der Harfe tue ich mein Wort kund.

Warum soll ich mich fürchten in bösen Tagen,
wenn mich die Bosheit meiner Feinde umgibt,
die auf ihre Macht vertrauen
und auf ihren Reichtum pochen?
Kann doch keiner den anderen loskaufen,
oder Gott ein Lösegeld zahlen,
damit er immer weiterlebe und das Grab nicht sehe?

Nein, er wird's sehen: Die Klugen,
die Toren und die Narren gehen miteinander zugrunde
und lassen ihre Macht einem anderen.
Gräber sind auf ewig ihre Behausung,
ihre Wohnstätte für alle Zeit,
auch wenn sie große Ehre hatten auf der Erde.
Der Mensch in seiner Pracht bedenkt nicht,
daß er dem Vieh gleicht, das zugrunde geht.

Mich aber wird Gott erlösen aus des Todes Gewalt,
er nimmt mich auf.

ICH WACHE UND BIN WIE EIN EINSAMER VOGEL
AUF DEM DACH

Aus der Tiefe rufe ich, Herr, zu dir!
Herr, höre meine Stimme!
Höre! Höre mein lautes Flehen!
Wenn du unsere Sünden uns anrechnest,
Herr, wer kann vor dir bestehen?
Aber du läßt uns gelten trotz unserer Sünden
und nimmst unsere Schuld ab,
damit wir sehen, wie ernst es steht
zwischen dir und uns.
Ich hoffe, daß du kommst, Herr.
Meine Seele hofft auf dein Urteil.
Meine Seele wartet auf dich
wie ein Wächter auf den Morgen,
ja, mehr als ein Wächter
auf den Morgen wartet.
Ja, unser ganzes Volk warte auf den Herrn,
denn von Gott kommen Freundlichkeit und Licht.
Er macht uns frei.
Ja, er wird unser Volk losbinden von seinen Fesseln:
Von aller seiner Schuld.

Herr, höre mein Gebet.
Laß mein Schreien zu dir dringen!
Verbirg nicht dein Antlitz vor mir
heute, da ich im Elend bin!

Neige dein Ohr zu mir,
erhöre mich, wenn ich zu dir rufe.
Denn es verwehen wie Rauch meine Tage,
meine Gebeine verbrennen wie in Feuergluten.
Versengt wie Gras, verdorrt ist mein Herz,
und ich vergesse sogar, mein Brot zu essen.
Matt bin ich vor Weinen und Stöhnen
und bin nur noch Haut und Gebein.
Ich bin einer Eule gleich in der Wüste,
einem Käuzchen in den Trümmern.
Ich wache und klage
wie ein einsamer Vogel auf dem Dach.
Ich esse Asche wie Brot
und mische meinen Trank mit Tränen,
denn dein Zorn ist furchtbar.
Du hobst mich hoch und warfst mich zu Boden!
Meine Tage schwinden dahin wie ein Schatten,
und ich verdorre wie Gras.

Gebrochen ist meine Kraft mitten auf dem Wege,
verkürzt sind meine Tage.
Ich spreche: Mein Gott,
nimm mich nicht von der Erde
in der Mitte meiner Tage,
du, dessen Jahre in Ewigkeit währen.
Du hast vor Zeiten die Erde gegründet,
die Himmel sind deiner Hände Werk.
Sie werden vergehen, du aber bleibst,
sie werden alle veralten wie ein Gewand.
Wie ein Kleid wirst du sie wechseln,
sie gehen dahin, du aber bleibst,
und deine Jahre nehmen kein Ende.

SEI NICHT FERNE, DENN DIE ANGST IST GROSS

Herr, rette mich!
Ich versinke im tiefen Schlamm
und finde keinen Grund.
Das Wasser geht mir bis an die Kehle!
Ich bin in tiefe Wasser geraten,
und die Flut will mich ersäufen.

Ich habe mich müde geschrien,
meine Kehle ist heiser.
Meine Augen sind dunkel geworden
über dem langen Ausschauen nach meinem Gott.

Mehr als Haare auf meinem Haupt sind,
sind meine Feinde, die mich ohne Ursache hassen.
Mächtig sind meine Verderber,
die mich befehden ohne Grund.

Herr, du allein kennst meine Schuld,
und meine Verfehlungen entgingen dir nicht.
Laß nicht irre werden an dir, Herr,
die mich sehen.
Beschäme nicht durch mein Elend,
die auf dich hoffen, mein Gott!

Denn deinetwegen trage ich Schmach,
deinetwegen bedeckt die Schande mein Antlitz.
Entfremdet bin ich meinen Brüdern,
ein Fremdling den Kindern meiner Mutter.
Denn der Eifer um deinen Tempel

hat mich gefressen,
und der Haß derer, die dich schmähen, traf mich.

Ich beuge mich tief und faste,
und dazu trifft mich der Spott.
Ich trage ein Bußgewand –
und sie singen ein Spottlied über mich.
Die sich im Tor treffen, reden über mich,
und die Säufer singen über mich beim Zechen.

Ich aber bete zu dir, Herr.
In deiner großen Güte erhöre mich
und steh mir mit deiner Hilfe bei.
Errette mich aus dem Schlamm,
daß ich nicht versinke,
aus den Wassertiefen zieh mich empor,
daß mich nicht die Flut überspült
und die Tiefe mich nicht verschlingt,
daß nicht der Brunnen seinen Schlund über mir schließt.

Erhöre mich, Herr,
denn deine Güte ist mein Trost.
Wende dich zu mir und sei mir barmherzig.
Denn elend bin ich und voll Schmerzen,
Herr, deine Hilfe ist mein Schutz.

Ich will den Herrn rühmen mit einem Lied,
mit einem Lied will ich ihm danken.
Die Elenden sehen es und freuen sich,
und die Gott suchen, werden aufleben in ihrem Herzen.

Ich bin der Mann, der Elend erlitt
durch die Rute des göttlichen Zorns.
In die Finsternis führte mich Gott,
nicht ins Licht.
Mit Bitternis und Mühsal

hat er mich umschlossen,
in Finsternis wie die ewig Toten.
Er hat mich ummauert ohne Ausweg,
mich in eherne Fesseln geschlagen.
Ob ich auch schrie und rief,
unerhört blieb mein Gebet.
Mit Quadern hat er meinen Weg mir vermauert,
zum Irrweg gemacht meinen Pfad.
Wie ein Bär lauerte er mir auf,
wie ein Löwe im Versteck.
Er hat seinen Bogen gespannt,
als Ziel mich gegeben seinem Pfeil.

Aber dies nehme ich zu Herzen,
und darum hoffe ich noch:
Die Güte des Herrn hört nicht auf,
seine Gnade hat kein Ende,
sie ist alle Morgen neu,
und seine Treue ist groß.
Die Gabe, die mir gewiß zukommt, ist der Herr,
spricht meine Seele, darum will ich auf ihn hoffen.
Denn der Herr ist freundlich dem,
der auf ihn wartet,
dem Menschen, der nach ihm fragt.

Gut und kostbar ist's, geduldig zu sein
und zu hoffen auf die Hilfe des Herrn.
Gut und kostbar ist es dem Manne,
in seiner Jugend das Joch zu tragen.
Einsam sitze er und schweige, wenn er es auflegt,
und stecke seinen Mund in den Staub!
Vielleicht ist noch Hoffnung.
Er biete die Backe dem dar, der ihn schlägt,
und esse Schmach, bis er satt ist.
Denn nicht für ewig verstößt der Herr,
er schickt wohl Trübsal, aber danach
erbarmt er sich wieder in großer Güte.

Daß man mit Füßen tritt die Gefangenen des Landes,

daß man das Recht eines Mannes beugt
vor dem Angesicht des Höchsten,
daß man im Gericht
eines Menschen Sache verdreht,
sollte der Herr es nicht sehen?
Wer darf denn sagen, daß das alles geschieht
ohne des Herrn Befehl
und daß nicht Böses und Gutes entsteht
aus dem Gebot des Höchsten?

Was murren denn die Leute im Leben?
Ein jeder murre wider seine Sünde!
Laßt uns unser Leben erforschen und uns prüfen,
zum Herrn uns bekehren!
Unser Herz, nicht die Hände,
laßt uns erheben zu Gott im Himmel!
Gesündigt haben wir, getrotzt,
so hast du uns nicht vergeben!

Gedenke, Herr, was uns geschah!
Sieh doch und schau unsere Schmach!
Entschwunden ist unseres Herzens Freude,
unser Reigen in Trauer verkehrt!
Gefallen die Krone unseres Hauptes!
Weh uns, daß wir gesündigt!
Darum ist unser Herz krank,
und unsere Augen sind dunkel geworden
um des Berges Zion willen, der wüst liegt,
auf dem die Schakale sich tummeln.

Du aber, Herr, bleibst in Ewigkeit,
und dein Thron bleibt von Geschlecht zu Geschlecht.
Warum willst du uns gänzlich vergessen
und verlassen lebenslang?
Führe uns, Herr, nach Hause zu dir,
laß uns umkehren,
erneure unsere Tage wie ehedem!
Oder hast du uns gänzlich verworfen,
und ist ohne Maß und Ende dein Zorn?

O Herr, Fremde brachen ein in dein Erbe!
Deinen heiligen Tempel entweihten sie,
Jerusalem legten sie in Trümmer.
Sie gaben die Leichen deiner Knechte
den Vögeln des Himmels zum Fraß,
das Fleisch deiner Frommen den Tieren des Feldes.
Sie vergossen wie Wasser ihr Blut
rings um Jerusalem! Niemand war da, zu begraben.
Ein Hohn sind wir unseren Nachbarn geworden,
ein Spott und Schimpf allen, die uns umgeben.
Wie lange, o Herr, willst du immerzu zürnen,
wie lang soll dein Eifer wie Feuer brennen?

Rechne uns nicht an die Schuld unserer Väter
und erbarme dich unser bald, denn wir sind am Ende.
Errette uns und vergib unsere Schuld,
denn deinen Namen allein wollen wir preisen.
Warum sollen die Fremden fragen:
Wo ist nun ihr Gott?

Höre doch das Seufzen der Gefangenen
und halte am Leben durch die Kraft deines Arms
die Kinder des Todes!
Wir sind doch dein Volk, sind Schafe deiner Weide.
Wir wollen dir in Ewigkeit danken,
deinen Ruhm verkünden von Geschlecht zu Geschlecht.

Auch wo du zum Gericht ausziehst, Herr,
warten wir auf dich.
Das Verlangen unserer Seele ist,
dich anzubeten, dich zu preisen.
Mein Herz verlangt nach dir in der Nacht,
mein Geist sehnt sich nach dir.
Denn wenn deine Gerichte ergehen
über die Erde,
lernen die Bewohner der Erde Gerechtigkeit.

Herr, in der Trübsal suchen wir dich,
unter deiner strafenden Hand
flehen wir zu dir.
Werden wohl deine Toten auferstehen?
Aufleben die Leichname?
Ja, sie werden leben!
Wacht auf und jubelt, die ihr im Staub ruht!
Denn dein Tau schafft Leben,
Leben aus deinem Licht,
und die Erde wird ihre Schatten herausgeben
ans Licht des Tages.

Mein Gott, mein Gott, warum hast du mich verlassen
und bist so ferne meinem Angstschrei,
meinen Klagerufen?
Ich rufe bei Tage, und du antwortest nicht,
und bei Nacht, und finde keine Ruhe.
Und doch thronst du heilig in der Höhe
über den Lobgesängen Israels.

Auf dich vertrauten unsere Väter,
auf dich vertrauten sie und wurden gerettet.
Zu dir schrien sie und wurden befreit,
auf dich verließen sie sich
und wurden nicht zuschanden.

Ich aber bin ein Wurm und kein Mensch,
der Leute Spott, von der Menge verachtet.
Alle, die mich sehen, verspotten mich,
verziehen den Mund und schütteln den Kopf.
Er klage es dem Herrn, der helfe ihm heraus,
der rette ihn! Ist er doch sein Liebling!

Du hast mich aus dem Leibe meiner Mutter gezogen,
mich geborgen an meiner Mutter Brust.
Angewiesen bin ich auf dich von Mutterleib an,

vom Schoß meiner Mutter bist du mein Gott.
Sei nun nicht ferne, denn die Angst ist groß,
und kein Helfer ist da!

Viele Stiere umdrohen mich,
gewaltige Büffel umringen mich.
Ihre Mäuler reißen sie auf gegen mich
wie Löwen, reißend und brüllend.

Ich bin hingegossen wie Wasser,
meine Knochen haben sich voneinander gelöst.
Mein Herz ist in meinem Leibe
wie zerschmolzenes Wachs.
Meine Kehle ist trocken wie eine Scherbe,
meine Zunge klebt mir am Gaumen,
und du legst mich in des Todes Staub.

Denn viele Gottlose umgeben mich,
eine Rotte von Frevlern umringt mich,
Hände und Füße haben sie mir durchbohrt.
Alle meine Gebeine kann ich zählen.
Sie gaffen mich an
und haben ihr Vergnügen an mir.
Sie teilen meine Kleider unter sich
und werfen das Los über mein Gewand.

Aber du, Herr, komm und bleibe nicht ferne!
Du bist meine Kraft! Komm und hilf mir!
Errette mein Leben vom Schwert,
mein einziges Gut vor den Hunden!
Reiß mich aus dem Rachen des Löwen
und von den Hörnern des Büffels.

Ach ja! Du hast mich erhört!
Nun will ich kundtun deinen Namen meinen Brüdern,
will dich preisen mitten in der Gemeinde.
Alle, die ihr den Herrn fürchtet, preist ihn!
Ehret ihn, die ihr sein Volk seid.

Denn er hat das Elend des Gequälten
nicht übersehen,
ihn nicht verlassen in seiner Not.
Als er zu ihm schrie, hörte er ihn.
Dich will ich preisen in großer Gemeinde,
will, wie ich gelobt, dich rühmen
vor denen, die dich fürchten.

Die Armen sollen essen und satt werden.
Die den Herrn suchen, werden ihn finden
und sich freuen.
Ihr Herz soll immer und ewig leben.
Alle Länder der Erde sollen es verstehen
und zum Herrn umkehren.
Alle Völker sollen ihn ehren,
denn dem Herrn gehört die Macht,
er allein herrscht über die Völker.

Ihn allein werden anbeten, die in der Erde schlafen.
Vor ihm werden die Knie beugen alle,
die man in den Staub legte
und die ihr Leben nicht behalten konnten.
Meine Nachkommen werden ihm dienen,
von ihm werden sie ihren Kindern erzählen.
Sie werden dem künftig geborenen Volk
seine Barmherzigkeit erzählen und sagen:
Das alles hat er getan!
Er, unser Gott!

LASS MICH NICHT FALLEN IN MEINEM ALTER

Bei dir, Herr, bin ich geborgen,
laß mich nicht zugrunde gehen!
Bei dir finde ich Hilfe,
laß mich noch einmal davonkommen!
Höre, was ich rufe, und rette mich!
Sei mir ein Fels, auf den ich mich retten kann,
sei mir eine Burg, die mich schützt.

Ja, Fels und Feste bist du mir.
Du bist meine Hoffnung, Herr,
von meiner Kindheit an verlasse ich mich auf dich.
Seit ich lebe, bist du mein Schutz,
vom Leibe meiner Mutter her umfängst du mich.
Dich pries ich von Anfang bis heute.
Es war vielen ein Wunder, daß ich nicht umkam,
aber du warst es, der mich erhielt.
Bei dir fand ich Zuflucht.
Dann habe ich gesungen.
Lieder habe ich gesungen dir zu Ehren,
und mein Tag war voll Glanz,
voll von deinem Licht.

Laß mich nun nicht fallen in meinem Alter.
Wenn meine Kraft schwindet, verlaß mich nicht.
Herr, sei nun nicht ferne,
mein Gott, komm mir zu Hilfe.
Immer und immer will ich warten
und das Lob deiner Herrlichkeit mehren.
Mein Mund soll von deiner Verläßlichkeit erzählen,

vom Morgen bis zum Abend von deinem Beistand.
Ich gehe einher in der Kraft,
dir mir der Herr gab,
ich preise deine Gerechtigkeit allein.
Von Jugend an kannte ich deinen Willen,
und bis heute erzähle ich,
was du Wunderbares für mich getan hast.
Wenn ich nun alt werde und grau,
mein Gott, verlaß mich nicht.

Denn ich will deine Macht verkündigen
dem kommenden Geschlecht,
deine Kraft und deine Treue bis zum Tode.
Ich habe viel Jammer erlebt,
viel großes Unheil,
du aber gabst mir das Leben wieder!
Wie aus dem Grab hast du
mich wieder ins Leben gerufen.
Du hast mich sehr groß gemacht
und mich wieder getröstet.
Nun will ich dich rühmen mit Liedern,
die ich zur Harfe singe.
Ich will von deiner Treue reden, mein Gott.
Meine Lippen sollen dir singen
und mein Herz dich preisen,
mein Herz, das fröhlich wurde durch dich.

Herr Gott,
du bist unsere Zuflucht für und für.
Ehe denn die Berge wurden
und die Erde und die Welt geschaffen wurden,
bist du, Gott, von Ewigkeit zu Ewigkeit.

Du lässest die Menschen sterben
und rufst sie zurück in den Staub:
Kommt wieder, Menschenkinder!
Denn tausend Jahre sind vor dir
wie der Tag, der gestern verging,
und wie eine Nachtwache.

Du säst Menschen aus in die Welt Jahr um Jahr.
Wie Gras, das nachwächst,
kommen sie aus deiner Hand,
wie Gras, das in der Frühe aufwächst und blüht
und am Abend welkt und verdorrt.

So welken wir hin in deiner Glut,
wir verdorren plötzlich unter deinem Zorn,
denn du siehst all unser Unrecht,
in deinem Licht ist es sichtbar,
so verborgen es ist unserem eigenen Herzen.

Ja, unsere Tage eilen dahin,
getrieben von deinem Zorn.
Wie Seufzer verhallen die Jahre.
Siebzig Jahre währt unser Leben,
wenn es hoch kommt, achtzig.
Was sein Stolz war, ist Mühe gewesen und Elend,
denn es fähret schnell dahin, als flögen wir davon.

Wer glaubt aber, daß du uns treibst
mit der Wucht deines Grimms?
Lehre uns unsere Tage zählen,
daß wir ein weises Herz gewinnen.
Laß deine Herrlichkeit aufleuchten an deinen Knechten
und zeige unseren Kindern deine heilige Macht.

GIB LICHT MEINEN AUGEN

Wie lange noch, Herr?
Willst du in Ewigkeit mich vergessen?
Wie lange noch
verbirgst du dein Antlitz vor mir?
Wie lange soll ich sorgen in meiner Seele,
mich ängsten in meinem Herzen täglich?
Wie lange soll mein Feind Gewalt haben über mich?
Schaue doch, erhöre mich, Herr, mein Gott!

Gib Licht meinen Augen,
daß ich nicht entschlafe in den Tod,
daß nicht mein Feind sich rühme,
er habe mich überwältigt,
meine Gegner nicht jauchzen,
daß ich wanke.

Ja, darauf vertraue ich, daß du gnädig bist,
mein Herz jauchzt über deine Hilfe!
Singen will ich dem Herrn,
der mir so große Wohltat erwies!

Voll Güte ist Gott gegen die Aufrichtigen,
gegen alle, die reines Herzens sind.

Aber fast wäre ich gestrauchelt mit meinen Füßen,
um ein Haar ausgeglitten auf meinem Weg,

denn ich beneidete die Prahler,
als ich sah, daß es den Gottlosen so gut ging.
Es gibt ja keine Qualen für sie,
und gesund und feist ist ihr Leib.
Sie tragen keine Last wie andere Menschen
und leiden keine Qual wie die anderen Leute.

Darum tragen sie ihren Hochmut umher
wie ein Geschmeide am Hals
und prangen in ihrer Gewalttat
wie in einem stolzen Gewand.
Ihre Schuld dringt aus ihrem Fett,
und von bösen Plänen quillt ihr Herz über.

Sie spotten und höhnen und reden verächtlich,
von oben herab reden sie ihr wirres Geschwätz
Was sie reden, soll herabtönen vom Himmel,
und was sie sagen, soll gelten auf Erden.
Darum fällt ihnen der Pöbel zu
und schlürft ihre Worte wie Wasser.

Sie sprechen: Da ist doch kein Gott, der es weiß!
Wie sollte ein Gott sein, der es merkt?
Ach, das sind die Gottlosen!
Sie steigern ihre Macht in ewigem Glück.

Es war umsonst, daß ich mein Herz rein hielt
und meine Hände wasche vom Unrecht.
Ich leide doch Qual den ganzen Tag
und erfahre meine Strafe alle Morgen.
Hätte ich gedacht: Ich will reden wie sie!,
dann hätte ich alle deine Kinder verraten.

So sann ich nach, ob ich's vielleicht verstünde,
aber es war mir zu schwer,
bis ich ins Heiligtum Gottes eintrat
und das Ende erkannte, das ihnen bevorsteht.

Ja, auf schlüpfrigen Grund stellst du sie,

in Täuschungen stürzen sie dahin.
Wie sind sie doch im Nu zunichte,
verschwunden, im Schrecken vergangen.
Wie ein Traum vergessen ist, wenn man erwacht,
so gehst du über ihr Bild hin, Herr,
wenn du aufstehst!

Es tat mir weh im Herzen
und verwundete mich in meinem Innern,
ich war ein Narr und ohne Verstand,
ich war wie ein Tier vor dir.

Nun aber bleibe ich stets an dir,
denn du hältst mich bei meiner rechten Hand.
Du leitest mich nach deinem Rat
und nimmst mich am Ende mit Ehren an.
Wenn ich nur dich habe,
frage ich nichts nach Himmel und Erde.
Wenn mir auch Leib und Seele verschmachten,
so bist du doch, Gott, allezeit
meines Herzens Trost und mein Teil.

Im Tode enden, die von dir weichen,
die dir die Treue brechen, gehen zugrunde!
Mir aber ist deine Nähe kostbar.
Meine Hoffnung setze ich auf den Herrn,
von ihm und seinen Taten redet mein Mund.

Danket dem Herrn, denn er ist freundlich,
und seine Güte währet ewiglich.
Es sage das Haus Israel:
Ja, ewig währt seine Güte!
Es bekenne das Haus Aaron:
Ewig währt seine Güte!
Es sagen alle, die den Herrn fürchten:
Ja, seine Güte währet ewiglich.

In der Angst rief ich den Herrn an,
und der Herr erhörte mich und tröstete mich.
Der Herr ist mit mir, darum fürchte ich mich nicht.
Was können mir Menschen tun?
Der Herr ist für mich und hilft mir,
so werde ich überwinden, die mich hassen.
Es ist gut, auf den Herrn vertrauen
und nicht sich verlassen auf Menschen.
Es ist gut, auf den Herrn vertrauen
und nicht sich verlassen auf Fürsten.
Der Herr ist meine Macht und mein Lied,
er, meine Rettung!
Man singt mit Freuden vom Sieg
in den Hütten der Gerechten:
Die Rechte des Herrn behält den Sieg!
Hoch erhoben ist die Rechte des Herrn,
die Rechte des Herrn behält den Sieg.

Ich werde nicht sterben, sondern leben
und des Herrn Werke verkündigen.
Schwer hat mich der Herr gezüchtigt,
aber er gab mich dem Tode nicht preis.
Öffnet mir die Tore der Gerechtigkeit,
daß ich einziehe und dem Herrn danke!
Hier ist das Tor des Herrn,
Gerechte ziehen hier zu ihm ein.
Ich danke dir, daß du mich erhörtest
und mir Rettung schenktest.
Der Stein, den die Bauleute verworfen haben,
ist zum Eckstein geworden.

Das ist durch den Herrn geschehen
und ist ein Wunder vor unseren Augen.

Dies ist der Tag, den der Herr macht,
laßt uns freuen und ihn festlich begehen.
O Herr, hilf! O Herr, laß wohl gelingen!
Gelobt sei, der einzieht im Namen des Herrn,
vom Hause des Herrn aus segnen wir euch!
Der Herr ist Gott, und er gebe uns Licht!
Schmückt das Fest mit Reigen
bis an die Hörner des Altars!
Du bist mein Gott, und ich danke dir,
mein Gott, ich will dich preisen!

Danket dem Herrn, denn er ist freundlich,
und in Ewigkeit währt seine Güte.

Das Christuslied aus dem Philipperbrief:

Herrlich und mächtig wie Gott war er.
Aber er behielt seine Macht nicht für sich
und den Glanz seines göttlichen Wesens.

Alles legte er von sich ab,
er nahm die Gestalt eines Knechts an
und wurde ein Mensch unter Menschen.

Die arme Gestalt eines Menschen trug er
und beugte sich tief hinab bis zum Tod,
ja bis zum Tode am Kreuz.

Darum hob ihn Gott über alles empor
und setzte ihn über alles, was lebt,
über Menschen und Mächte.

Denn den Namen Jesu sollen sie nennen
und ihre Knie beugen
im Himmel und auf der Erde und unter der Erde.

Und mit allen Stimmen sollen sie rufen:
»Jesus Christus ist Herr!«
Und Gott, den Vater, rühmen und preisen!

Bringet dar dem Herrn, ihr Himmlischen,
bringet dar dem Herrn Ehre und Macht.
Bringet dar dem Herrn das Rühmen seines Namens,
betet an den Herrn,
wenn er herrlich hervortritt in heiligem Glanz.

Die Stimme des Herrn erschallt über dem Wasser,
der Gott der Herrlichkeit donnert,
der Herr über großen Wassern.
Die Stimme des Herrn ergeht mit Macht,
die Stimme des Herrn ergeht in Herrlichkeit,
die Stimme des Herrn zerschmettert die Zedern,
der Herr zerbricht die Zedern im Libanon.
Wie ein Kalb springt der Libanon hoch,
wenn er spricht,
wie ein junger Wildstier der Sirjon.
Die Stimme des Herrn sprüht Feuerflammen,
die Stimme des Herrn wirbelt die Wüste empor,
es erbebt vor dem Herrn die Wüste Kadesch,
Eichen stürzen vor der Stimme des Herrn,
kahl reißt sie die Wälder,
in seinem himmlischen Palast aber
ruft alles: Herrlichkeit!

Hoch über den Mächten des Abgrunds
hat Gott seinen Thron,
als König in Ewigkeit thront der Herr.
Macht gebe Gott seinem Volk,
er segne sein Volk mit Frieden!

Alles, was ist, soll einstimmen
in ein Lied der Freude über Gott.

Stimmt ein, singt mit,
alle, die oben sind, in der Höhe!
Singt mit, ihr Engel
und das ganze Heer seiner himmlischen Diener.
Singt mit, Sonne und Mond!
Singt mit, ihr leuchtenden Sterne.
Singt mit, ihr Welten, die Gottes Wohnung sind.
Singt mit, ihr unendlichen Räume im All.
Die sollen den Herrn rühmen,
denn sie sind sein Werk.

Stimmt ein, singt mit,
alle, die ihr unten auf der Erde seid,
bis hinab zu den Ungeheuern in der Tiefe des Meeres!
Singt mit, Gewitter und Hagel!
Singt mit, Schnee und Nebel!
Sing mit, du Sturmwind,
der seinen Willen ausrichtet!
Singt mit, ihr Berge und Hügel,
ihr Fruchtbäume und ihr Zedern,
ihr wilden Tiere und ihr Tiere im Haus!
Singt mit, Würmer und gefiederte Vögel!

Stimmt ein, singt mit,
ihr Könige der Erde und ihr Völker alle!
Ihr Fürsten und ihr Richter, die die Erde ordnen.
Ihr jungen Männer, ihr jungen Frauen,
ihr Greise samt den Kindern!
Sie sollen den Herrn rühmen,
denn er allein hat die Macht.
Seine Hoheit glänzt über der Erde und über dem Himmel.
Er wird seinem Volk Kraft geben,
und sein Glanz wird ein Licht sein
für alle, die ihm zugewandt sind.

Rühmet den Herrn!

Es hat das Silber seine Gänge
und das Gold seinen Ort, an dem man es auswäscht.
Eisen gewinnt man aus der Erde,
und das Erz schmelzt man aus dem Felsen.
Man leuchtet hinab in die Dunkelheit,
bis zum tiefsten Grund erforscht man das Gestein,
das in der Finsternis ruht.
Schächte gräbt man,
fern von der Wohnstatt der Menschen.
Vergessen von den Menschen hangen sie drunten
und schweben, ohne Halt für den Fuß.
Man zerwühlt wie mit Feuer unten die Erde,
auf der doch oben das Brot wächst.
Ein Pfad ist unten, den kein Geier kennt,
den des Falken Auge nicht erspäht,
den das stolze Wild nicht betritt,
den kein Löwe beschreitet.
An harte Felsen legt man die Hand,
von Grund aus gräbt man die Berge um.
Stollen bricht man durch das Gestein,
und alles, was kostbar ist, erschaut das Auge.
Man wehrt dem Rinnen der Wasseradern
und bringt, was verborgen ist, ans Licht.
Wo aber findet man Weisheit?
Wo ist der Fundort der Erkenntnis Gottes?
Kein Mensch weiß den Weg zu ihr,
er lernt Einsicht nicht von seinesgleichen.
Die Tiefe spricht: In mir ist sie nicht!
und das Meer spricht: Sie ist nicht bei mir!
Verhüllt ist sie dem Blick der Lebendigen,
auch verborgen den Vögeln unter dem Himmel.
Abgrund und Tod sprechen:
Nur ein Gerücht hörten wir über sie.
Gott allein weiß den Weg zu ihr,
er allein kennt ihre Stätte.
Denn er hat die Enden der Erde vor Augen
und schaut alles, was unter dem Himmel ist.
Als er dem Winde seine Wucht gab,
dem Wasser sein festes Maß,

als er dem Regen ein Gesetz,
dem Blitz und Donner eine Bahn verlieh,
da sah er sie. Da maß er sie aus.
Da stellte er sie auf und erforschte sie
und sprach zum Menschen:
Den Herrn fürchten, das ist Weisheit!
Das Böse meiden, das ist Erkenntnis!

Rühmet Gott in seinem Heiligtum,
Rühmet ihn in der Feste seiner Macht!
Rühmet ihn für seine mächtigen Taten,
rühmet ihn um seiner Größe willen.
Rühmet ihn mit Hörnerschall!
Rühmet ihn mit Harfe und Leier!
Rühmet ihn mit Pauke und Reigen!
Rühmet ihn mit Saiten und Pfeifen!
Rühmet ihn mit klingenden Zimbeln!
Rühmet ihn mit schmetternden Zimbeln!
Alles, was Leben hat, alles, was atmet,
rühme den Herrn!

Ich hebe meine Augen zu dir,
der du im Himmel thronest.
Ja, wie die Augen der Knechte
auf die Hände ihrer Herren sehen,
wie die Augen der Magd
auf die Hände ihrer Frau,
so sehen unsere Augen auf den Herrn,
bis er sich unser annimmt.
Erbarme dich unser, o Herr, erbarme dich!

Kommt, laßt uns dem Herrn zurufen,
daß wir ihn lieben,
ihn, auf den wir uns verlassen.
Laßt uns mit Dankbarkeit zu ihm kommen
und mit Liedern ihm sagen, daß wir ihn lieben.
Denn der Herr ist ein großer Gott,
ein König hoch über allen Mächten.
In seiner Hand sind die verborgenen Tiefen der Erde,
die Gipfel der Berge sind sein Besitz,
sein Eigentum ist das Meer
– er hat es gemacht – und das Festland,
denn er hat es gebildet.

Kommt, wir ziehen in sein Heiligtum ein.
Wir wollen uns beugen
und niederfallen vor Gott, der uns gemacht hat.
Denn er ist unser Gott, und wir sind sein Volk,
die Schafe, die ihm gehören und die er weidet.
Heute, wenn ihr seine Stimme hört,
verhärtet euer Herz nicht.

Der Herr ist König, mit Hoheit bekleidet!
Der Herr ist geschmückt und umgürtet mit Kraft!
Er hat den Erdkreis gegründet, daß er nicht wankt.
Von Uranfang her steht dein Thron fest,
von Ewigkeit her bist du, Gott!

Es erheben sich die Ströme, o Herr,
Ströme erheben ihr Tosen,
ihr Brausen erheben die Ströme.
Über dem Brausen gewaltiger Wasser,
über der furchtbaren Brandung des Meeres
herrlich ist in der Höhe der Herr.
Deine Worte sind fest und gewiß.
Heiligkeit ist die Zierde deines Hauses,
in Ewigkeit, Herr!

Der Himmel erzählt die Herrlichkeit Gottes,
was er getan hat, ist sichtbar überall in der Welt.
Ein Tag sagt es dem anderen weiter,
und was eine Nacht von Gott weiß,
sagt sie der nächsten ins Ohr.
Sie reden ohne Worte
und ohne vernehmbare Stimme,
was sie erzählen, reicht über das Land
und an das Ende der Welt ihr Raunen.

Er hat der Sonne ein Zelt gemacht
hinter den Enden der Welt.
Sie kommt heraus, stark und fröhlich,
wie ein Bräutigam, der aus der Kammer tritt,
seiner Braut zu begegnen, und freut sich,
wie ein Held über den Himmel zu laufen.
Sie geht auf an einem Ende des Himmels
und läuft wiederum bis zum anderen,
nichts bleibt verborgen, wohin sie leuchtet.

(Auch mir hast du, Gott, eine Bahn gewiesen.
Deine Gebote und Ordnungen sind mein Weg.)
Die Weisung Gottes ist ohne Fehler,
eine Wohltat ist sie der Seele.
Die Gesetze Gottes sind klar und rein
und machen die Augen hell.
Das Wort des Herrn ist rein und besteht auf ewig,
die Ordnungen des Herrn sind Wahrheit
und allesamt gerecht.
Kostbarer sind sie als Gold,
kostbarer als reines Gold.
Süßer als Honig sind sie, als süßer Honigseim.
Eine Warnung sind sie mir,
wenn ich zur Rechten oder Linken irre.
Wer auf sie achtet, findet das Ziel.

Laß dir gefallen, was ich dir singe,
und höre, was mein Herz zu dir spricht,
Herr, mein Fels, mein Erlöser!

Singet dem Herrn ein neues Lied,
singet dem Herrn, alle Welt!
Singet dem Herrn und rühmet seinen Namen,
verkündet von Tag zu Tage sein Heil.
Schildert unter den Völkern seine Herrlichkeit,
erzählt von seinen Wundertaten allen Menschen.

Denn groß ist der Herr und hoch zu preisen,
mächtig thront er über allen Göttern.
Denn die Götter der Völker sind nichts,
der Herr aber hat den Himmel geschaffen.
Hoheit und Pracht schimmern vor ihm her,
Macht und Glanz erfüllen sein Heiligtum.

Bringt dem Herrn, ihr Geschlechter der Menschen,
bringt dem Herrn Ehre
und opfert alle eure Macht.
Ehrt den Herrn und ruft seinen Namen an,
bringt Geschenke und kommt vor seinen Tempel.
Betet an den Herrn in heiligem Schmuck!
Es fürchte ihn alle Welt!

Kündet unter den Völkern: Der Herr ist König!
Er hat die Erde gegründet,
daß sie nicht wankt,
und richtet die Völker gerecht.

Der Himmel freue sich, und die Erde sei fröhlich,
es brause das Meer und was es erfüllt.
Das Feld sei fröhlich mit all seiner Frucht,
und jauchzen sollen alle Bäume des Waldes
dem Herrn entgegen, denn er kommt!
Er kommt, die Erde zu richten.
Er richtet die Welt in Gerechtigkeit
und die Völker mit seiner Wahrheit.

Freut euch über den Herrn, ihr Gerechten,
die Frommen sollen ihn preisen!
Danket dem Herrn mit Harfen,
singt ihm zum Psalter von zehn Saiten.
Singet ihm ein neues Lied,
spielt schön auf den Saiten mit fröhlichem Schall!

Denn des Herrn Wort ist wahrhaftig,
und was er zusagt, ist zuverlässig und fest.
Er liebt Gerechtigkeit und Recht,
von seiner Güte voll ist die Erde.

Durch sein Wort ist der Himmel gemacht,
durch seines Mundes Atem das Heer der Sterne.
Er hält wie in einem Gefäß das Wasser des Meeres
und sammelt wie in Speichern die Urflut.

Alle Welt fürchte den Herrn,
und vor ihm scheue sich alles,
was auf dem Erdboden wohnt.
Denn er gibt Befehl, und es geschieht,
er gebietet, und es steht da.

Der Herr schaut vom Himmel
und sieht auf die Menschenkinder.
Von seinem Thronsitz herab
schaut er auf die Bewohner der Erde.
Er hat ihre Herzen geschaffen
und gibt auf alle ihre Taten acht.

Nichts hilft dem König die Macht seines Heeres,
ein Held kann sich nicht retten
durch seine große Kraft.
Nichts nützen Rosse zum Sieg,
und ihre große Stärke errettet nicht.

Aber des Herrn Auge ruht auf denen,
die ihn fürchten,
die auf seine Güte hoffen,

daß er ihr Leben vom Tode errette
und sie erhalte in der Teuerung.

Unsere Seele wartet auf den Herrn,
er ist uns Hilfe und Schild.
Denn unser Herz freut sich an ihm,
und wir trauen auf seine heilige Nähe.
Deine Güte, Herr, walte über uns,
auf dich wollen wir hoffen.

Klatscht in die Hände mit Jubel, ihr Völker!
Jauchzt dem Herrn zu mit fröhlichem Schall!
Denn der Herr, der höchste, ist heilig,
ein großer König über der ganzen Erde.

Der Herr hat seinen Thron bestiegen,
beim Schall der Posaune erneuerte er seine Macht.
Singet unserem Gott, singet!
Singet unserem Gott, singt ihm!
Denn der Herr ist der König der Erde,
singt ein kunstvolles Lied!
Der Herr ist König über die Völker,
er herrscht auf seinem heiligen Thron.

Die Fürsten der Völker sind versammelt
als das Volk von Abrahams Gott.
Denn die Mächtigen der Erde sind sein eigen,
seine Herrschaft steht mächtig über der Welt.

Das Volk, das im Finstern wandert, sieht ein großes Licht.
Über denen, die im Lande des Schattens wohnen,
strahlt ein Glanz auf.
Du lässest den Jubel aufklingen,
du schenkst überströmende Freude,
daß sie sich freuen vor dir,
wie man sich freut in der Ernte,
wie man fröhlich ist beim Teilen der Beute.
Denn du hast das Joch zerbrochen,
auf dem sie ihre Last trugen,
und den Stecken, mit dem man sie schlug.
Nun wird jeder Stiefel, der mit Dröhnen auftritt,
und jeder Mantel, der durch Blut schleifte,
verbrannt und ein Fraß des Feuers.

Denn ein Kind ist uns geboren,
ein Sohn ist uns gegeben,
und die Herrschaft liegt auf seiner Schulter.
Er nannte seinen Namen:
Ein Wunder der Weisheit, ein Mächtiger wie Gott,
ein Vater, der ewig bleibt, ein Fürst, der Frieden schafft.
Mächtig ist seine Herrschaft auf dem Throne Davids
und der Friede beständig über seinem Reich.
Denn er stärkt es mit Recht und Gerechtigkeit
von nun an und in Ewigkeit.
Der Wille Gottes, des Herrn der himmlischen Heere,
wird es vollbringen.

DER HERR HAT GROSSES AN MIR GETAN

Ich will Gott preisen Tag für Tag.
Ich will singen von allem, was er für mich getan hat.
Ich freue mich,
daß Gott sich um mich armen Menschen kümmert.
Ich will, daß die Verlassenen es hören
und sich mit mir freuen.

Ich suchte nach Gott,
ich redete zu ihm und suchte Antwort,
da hörte er mich
und befreite mich von meiner Angst.
Wer sich an Gott wendet,
der wird Gottes Glanz spiegeln.
Sein Gesicht wird hell sein von Freude.
Wer es hören will: Hier bin ich!
Ich bin ein armer Mensch, der zu Gott schrie.
Gott hörte mich und half mir aus meiner Not.
Mit Händen könnt ihr greifen, wie gütig der Herr ist.

Glücklich, wer den Weg zu seinem Herzen findet.
Glücklich, wer sich zu ihm flüchtet!
Der Herr ist nahe bei denen,
die an sich selbst verzweifeln.
Er hilft denen,
die unter ihrer Schuld zerbrechen,
wie ein Lasttier stürzt,
dem die Lasten zu schwer sind –
und nimmt ihre Schuld von ihrem Herzen.

Es mag vielerlei Leiden geben für die,
die sich um Gottes Willen mühen,
aber keine Not, in der sie allein sind.
Der Herr gibt der Seele seiner Knechte Freiheit.
Wer sich ihm anvertraut,
dem gibt er aus aller Schuld einen befreiten Anfang.

Ich will dich preisen, o Herr,
denn du zogst mich empor aus dem Abgrund
und ließest nicht zu, daß meine Feinde
Siege über mich feiern!
Herr, mein Gott, als ich zu dir schrie,
da machtest du mich heil.
Von den Toten holtest du meine Seele zurück,
riefst mich ins Leben
mitten aus der Menge der Toten.

Lobsinget dem Herrn, ihr seine Heiligen,
und preiset seinen heiligen Namen.
Denn einen Augenblick währt sein Zorn,
ein Leben lang seine Gnade.
Den Abend lang währt das Weinen,
aber des Morgens ist Freude.

Einst sprach ich, als das Glück mir hold war:
Nimmermehr werde ich wanken!
In deiner Güte stelltest du mich, Herr,
auf sichere Höhen.
Als du aber dein Antlitz verbargst,
fiel Schrecken auf mich.

Zu dir, Herr, schrie ich, zu dir flehte ich, meinem Gott:
«Was nützt mein Blut dir, wenn ich zur Grube fahre?
Wird Staub dich preisen und deine Treue verkündigen?
Höre, Herr, erbarme dich! Herr, sei mein Helfer!»

Verwandelt hast du meine Klage
in einen Reigen,
gelöst das Trauergewand,
mich mit Freude umkleidet,
daß dir singe mein Herz, daß es nicht schweige,
auf daß ich, Herr du, mein Gott,
dir danke in Ewigkeit.

Eine Zeit wird kommen,
da wirst du sagen:

Du hast mir gezürnt, Herr,
aber ich danke dir, daß dein Zorn sich gewendet hat
und du mich tröstest.
Siehe, Gott ist mein Heil,
ich bin sicher und fürchte mich nicht,
denn Gott, der Herr, ist meine Stärke und mein Lied
und ist meine Rettung.
Ihr werdet mit Freuden Wasser schöpfen
aus dem Brunnen des Heils.
Und ihr werdet sagen zu jener Zeit:
Danket dem Herrn, ruft seinen Namen an!
Tut kund seine Taten unter den Völkern,
verkündigt seine Ehre, die über allem steht.
Lobsinget dem Herrn, denn er hat seine Macht gezeigt,
in allen Landen soll man es wissen.
Jauchze und rühme, du Volk von Zion,
denn groß ist in deiner Mitte der Heilige Israels!

Ich will dich erheben, Gott, meine Stärke,
mein Fels, meine Burg, mein Retter!
Mein Hort, zu dem ich flüchte,
mein Schild, mächtiges Zeichen des Heils!

Ein Durchbohrter rief ich zu Gott
und wurde von meinen Feinden befreit.
Von Wogen des Todes war ich umgeben,
von Strömen des Unheils erschreckt,
von des Totenreichs Banden war ich umschlossen,
in Fallen des Todes gefangen.
In meiner Not rief ich zum Herrn
und schrie zu meinem Gott,
da hörte er aus dem Tempel mein Rufen,
mein Schrei erreichte sein Ohr.
Er griff nach mir aus der Höhe,
er faßte mich, er zog mich aus großen Wassern
und rettete mich vor mächtigen Feinden,
vor meinen Hassern, die mich bedrängten.
Am Tag meines Unheils bezwangen sie mich,
aber er half mir und machte mich stark.
Er führte mich heraus in die Weite,
er riß mich heraus, denn ich war ihm lieb.

Ja, der Herr ist mein Licht!
Mein Gott erhellt mir das Dunkel!
Mit ihm erstürme ich Mauern,
mit Gott überspringe ich Wälle.
Wer ist göttlich, wenn es nicht Gott ist?
Wer ist ein Fels, wenn nicht unser Gott?
Gott rüstet mit Kraft mich
und ebnet vor mir meinen Weg.
Er macht meine Füße den Hirschen gleich
und leitet mich hoch auf die Berge.
Er hat mich gerettet vor großen Heeren
und setzte mich zum Haupt über Völker.
Völker, die ich nicht kannte, wurden mir dienstbar.
Der Herr lebt! Gelobt sei mein Fels!
Erhaben ist der Gott meines Heils!
Ich will dir danken, Herr,
unter den Völkern und dir lobsingen.
Denn er gibt seinem Könige Heil,
und Gnade erweist er seinem Gesalbten,
David und seinem Hause, in Ewigkeit!

Dich rufe ich an, du wirst mich erhören, o Gott!
Neige deine Ohren zu mir, höre meine Rede!
Erweise deine wunderbare Güte,
du Retter derer, die dir vertrauen!
Behüte mich wie einen Augapfel im Auge,
birg mich unter dem Schatten deiner Flügel
vor den Gottlosen, die mir Gewalt tun,
vor meinen Feinden, die mich umstellen.
Sie lauern mir auf, sie umringen mich,
sie würden mich gerne zu Boden werfen,
wie ein Löwe, der nach Raub lechzt,
wie ein Junglöwe im Versteck.
Erhebe dich, Herr, tritt ihnen entgegen!

Ich aber will in Gerechtigkeit schauen dein Antlitz,
ich will satt werden, wenn ich erwache,
an deinem Bilde.

Beim Herrn bin ich geborgen.
Wie könnt ihr zu mir sagen: Lauf!
Mach dich davon wie ein Vogel,
der in die Berge flieht!

Denn die Gottlosen spannen den Bogen
und legen den Pfeil auf die Sehne,
heimlich im Dunkeln,
die zu treffen, die redlichen Herzens sind.
Wenn sie die Grundmauern einreißen
(wenn sie Wahrheit und Recht zerbrechen),
was soll der noch ausrichten,
der Gerechtigkeit sucht?

Gott aber ist da in seinem heiligen Tempel,
der Herr ist da! Im Himmel steht sein Thron!
Er sieht die Taten der Menschen und prüft ihre Absicht.
Er kennt den Gerechten wie den Spötter

und haßt in seinem Herzen den,
der Gewalttat liebt.
Feuer und Schwefel wird der Spötter empfangen
statt segnenden Regens
und glühenden Wind statt Erfrischung in seinem Becher.

Denn Gott ist gerecht und fordert,
daß unter Menschen Gerechtigkeit ist,
und wer das Recht liebt, wird ihn schauen.

Singt dem Herrn ein neues Lied,
denn er tat Wunder.
Er half mit seiner Rechten
und mit seinem heiligen Arm.
Der Herr hat gezeigt, daß er hilft,
er hat gezeigt, daß er gerecht ist,
vor den Augen der Völker.
Er war barmherzig und gütig.
Er war treu gegen das Volk Israel.
Von allen Enden der Erde sah man, wie er half.

Jauchzt Gott zu, ihr Menschen,
frohlocket, spielt und musiziert!
Spielt dem Herrn auf der Harfe!
Begleitet die Harfe mit starkem Gesang.
Bei Trompeten und Hörnerschall
seid fröhlich vor dem König, dem Herrn.
Es brause das Meer und was darin lebt,
die Erde und die darauf wohnen.
Die Ströme sollen rauschen vor Jubel,
die Berge miteinander fröhlich sein
vor dem Angesicht Gottes, denn er kommt.
Er kommt und gibt der Erde Gerechtigkeit,
er ordnet die Welt in Gerechtigkeit
und die Völker nach richtigem Maß.

Ich will der Gnade des Herrn gedenken
und der herrlichen Taten, die er getan hat,
der großen Barmherzigkeit und Güte,
die er erwiesen dem Haus Israel.
Denn er sprach: Sie sind ja mein Volk,
Söhne, rechtmäßige Kinder!
So ward er ihr Helfer in all ihrer Not.
Nicht ein Engel,
nicht ein Wesen, geringer als Gott,
sondern er selbst, sein Angesicht, half ihnen.
Er erlöste sie, weil er sie liebte,
weil er ihnen barmherzig war.
Er nahm sie auf und trug sie
allezeit seit den ältesten Tagen.

So schau nun vom Himmel!
Sieh herab von deiner heiligen,
herrlichen Wohnung!
Wo ist nun dein mächtiges Wirken?
Wo ist die große, herzliche Barmherzigkeit?
Bist du doch unser Vater!
Denn Abraham weiß von uns nicht,
und Jakob kennt uns nicht.
Du, Herr, bist unser Vater,
von Urzeiten her warst du der Erlöser
für die, die dich suchten.
Komm wieder zu deinen Knechten
und besuche dein Volk, das dir gehört.
Fast ist es, als hättest du niemals
geherrscht über uns,
als hätten wir deinen Namen nie getragen!

Ach, wenn du doch den Himmel zerrissest!
Ach, wenn du doch herabkämst,
daß die Mächte der Welt vor dir vergingen,
daß sie verglühten wie Reisig im Feuer,
daß sie verdampften
wie siedendes Wasser über der Flamme.

Keine Hilfe gibt es für die, die dich anrufen,
als dich allein.
Seit alten Zeiten bist du denen begegnet,
die auf deinem Weg nach dir suchten.
Ach, du bist uns ferne gerückt,
als wir ohne dich lebten,
und nun sind wir unrein,
unsere Frömmigkeit ist wie ein verschmutztes Kleid.
Wir sind verwelkt wie die Blätter,
und unsere Sünden wirbeln uns dahin wie der Wind.
Jeder lebt, als gäbe es dich nicht,
jedem ist sein einsamer Weg genug.
Denn du bist uns fern, und wir sehen dich nicht.
Du läßt uns allein mit unserem Unrecht,
und das Unrecht drückt uns zu Boden.

Aber das ist doch wahr, Herr:
Du bist unser Vater.
Wir sind dein Ton, du bist der Töpfer.
Wir alle sind deiner Hände Werk.

Tröstet, tröstet mein Volk! spricht euer Gott,
redet zum Herzen der Stadt Jerusalem
und ruft ihr zu: Ihr Sklavendienst ist erfüllt,
ihre Schuld ist gebüßt!
Denn sie hat Strafe genug empfangen
für alle ihre Sünden.

Horch! Da ruft einer:
»Durch die Wüste bahnt einen Weg für den Herrn!
In der Steppe ebnet eine Straße unserem Gott!
Jeder Berg und Hügel soll sich senken!
Jedes Tal soll sich heben!
Zerklüftetes Land soll eben werden
und die schroffe Höhe zum flachen Grund,
denn die herrliche Macht des Herrn wird sich enthüllen,

und alle sollt ihr sie schauen!
Wirklich! Es ist so!
Der Mund Gottes hat es geredet!«

Horch! Eine Stimme spricht: »Rufe!«
Da fragte ich: »Was soll ich rufen?
Alle Menschen sind ja wie Gras
und alle ihre Pracht wie die Blume auf dem Feld.
Das Gras verdorrt, die Blume welkt,
wenn Gottes Windhauch darüber weht!«
»Ja!« sprach die Stimme, »Gras ist das Volk!
Das Gras verdorrt, die Blume welkt,
aber das Wort unseres Gottes bleibt in Ewigkeit.«

Steige auf einen hohen Berg, Bote für Zion!
Erhebe deine Stimme mit Gewalt,
Bote für Jerusalem!
Erhebe sie und fürchte dich nicht!
Sprich zu den Städten Judas: »Da kommt euer Gott!«
Ja, der Herr kommt mit Macht,
und er wird herrschen über die Erde.
Mit ihm kommt sein Volk, sein Eigentum,
kommen die Menschen, die sein sind.
Er weidet seine Herde wie ein Hirte,
er schützt sie, sammelt sie mit seinem Arm.
In der Falte seines Gewandes trägt er die Lämmer
und führt die Mutterschafe mit Behutsamkeit.

Wer mißt die Meere mit der hohlen Hand,
umgreift mit der Spanne den Himmel,
faßt mit dem Litermaß den Staub der Erde?
Wer wägt der Berge Gewicht mit der Waage
und in Waagschalen die Hügel?
Wer lenkt den Geist des Herrn?
Wer ist sein Ratgeber, ihn zu unterweisen?
Wen fragt der Herr um Rat,
bei wem sucht er Einsicht,
Belehrung über den rechten Weg?

Sieh, die Völker sind wert
so viel wie ein Tropfen am Eimer
und gelten so wenig wie ein Sandkorn auf der Waage.
Die Inseln wiegen ein Stäublein.
Die Völker sind vor dem Herrn wie nichts,
in seinen Augen sind sie null und nichtig.

Wißt ihr denn nicht? Hört ihr nicht?
Ist's euch nicht verkündigt von Anfang an?
Habt ihr's nicht gemerkt?
Von Anfang der Erde her ist es wahr:
Er thront über dem Kreis der Erde,
und die darauf wohnen,
sind vor ihm wie die Heuschrecken.
Er spannt den Himmel aus wie einen Schleier
und breitet ihn aus wie ein Zelt.
Er verwandelt die Fürsten in Nichts
und macht zunichte die Herren der Erde.
Kaum sind sie gepflanzt, kaum gesät,
kaum schlagen sie Wurzel im Erdreich,
da weht er sie an, und sie verdorren,
ein Wirbelsturm führt sie wie Stoppeln davon.

Mit wem wollt ihr mich denn vergleichen,
an wem mich messen? fragt der Heilige.
Hebt eure Augen in die Höhe und seht!
Schaut: Wer hat dies alles geschaffen?
Er ist es, der das Heer dieser Sterne herausführt,
abgezählt eines ums andere,
und nennt ein jedes mit Namen.
Vor dem Kraftreichen und Mächtigen fehlt nicht eins.
Warum sprichst denn nun du, Jakob,
warum fragst du, Israel:
Mein Weg ist dem Herrn verborgen,
mein Recht bleibt unbeachtet bei Gott!
Weißt du nicht? Hast du nicht gehört?
Der Herr ist der ewige Gott,
der die Enden der Erde geschaffen.
Er wird nicht müde oder matt,

seine Einsicht ist unerforschlich.
Er gibt den Müden Kraft
und dem Kraftlosen Stärke in Fülle.
Die Jünglinge werden müde und matt,
junge Männer straucheln und fallen.
Aber die auf den Herrn harren,
gewinnen neue Kraft,
daß sie auffahren mit Flügeln wie Adler,
daß sie laufen und nicht matt werden,
daß sie wandern und nicht müde werden.

Mein Herz ist getröstet, o Herr!
Getrost ist mein Herz.
Ich will singen und spielen.
Wach auf, meine Seele, wach auf!
Wacht auf, Leier und Harfe!
Ich will das Morgenrot wecken.
Ich will dir danken, Herr, vor den Völkern,
ich will dir spielen unter den Menschen.
Denn deine Güte reicht, so weit der Himmel ist,
und deine Treue, so weit die Wolken gehen.
Zeige deine Macht über den Himmel hin, Herr,
und deine Herrlichkeit hoch über der Welt.

Ich sinne über die Tage der Vorzeit nach,
urlängst vergangener Jahre gedenke ich.
Ich rede des Nachts vor mich hin,
mein Herz sucht, und es forscht mein Geist.
Der Taten Gottes gedenke ich,
ja, seiner Wunder von Urbeginn her,
ich schaue auf all seine Werke hin
und sinne seinem Walten nach:

Gott! Heilig, ja heilig ist dein Weg!
Wo wäre ein Gott, so mächtig wie du?
Du bist der Eine, der Wunder tut,
deine Macht bewiesest du an den Völkern.
Mit Macht befreitest du dein Volk,
die Kinder Jakobs und Josephs.

Die Urflut schaute dich, Herr!
Dunkle Gewalten sahen dich und erbebten,
die Tiefe der Urwelt erschrak.
Fluten entstürzten den Wolken,
Donner schlugen im Himmelsgewölk,
deine Pfeile schwirrten daher!
Durchs Meer führte dein Weg,
durch große Wasser dein Pfad,
doch niemand sah deine Spur.
Wie Schafe leitest du dein Volk
durch Moses Hand und durch Aaron.

Das Lied der Maria:
Meine Seele rühmt den Herrn
und hebt ihn über alles empor.
Mein Geist freut sich über den Herrn,
den Gott, der mir hilft.
Denn er ist seiner Magd,
die so niedrig ist, freundlich begegnet.
Glücklich werden mich preisen
die Menschen und Völker zu allen Zeiten.
Er hat Großes an mir getan,
der unendliche Macht hat
und der zu heilig ist für den Dank,
mit dem unser Mund ihn nennt.

Seine Barmherzigkeit reicht über alle
Geschlechter der Menschen.
Freundlich begegnet er denen,
die ihn fürchten.

Keine Menschenmacht bleibt.
Die Kraft seines Armes zerstreut sie wie Sand,
die meinen in ihrem Herzen,
sie seien ihr eigener Gott.
Die Mächtigen taumeln von ihren Thronen,
und die Getretenen richtet er auf.
Hungrige sättigt sein Reichtum,
und Reiche treibt er mit leeren Händen davon.

Er nimmt sich seines Dieners Israel an
und gewährt ihm seine Barmherzigkeit.
Unseren Vätern hat er es angesagt,
und in Ewigkeit gilt es Abrahams Volk –
dem Volk, das ihm dient.

ICH LIEGE UND SCHLAFE GANZ MIT FRIEDEN

Herr, mein Gott, dich suche ich.
Meine Seele dürstet nach dir.
Ich schmachte nach dir
wie dürres, lechzendes Land.
Ich schaue im Heiligtum nach dir aus,
deine Macht zu sehen, deine Herrlichkeit.

Denn deine Güte ist besser als Leben,
meine Lippen preisen dich.
So will ich dich rühmen mein Leben lang
und meine Hände aufheben zum Gebet,
dich anzurufen.

Das ist meines Herzens Freude und Wonne,
dich mit fröhlichem Munde zu loben.
Wenn ich mich zu Bette lege, denke ich an dich,
wenn ich wach liege, sinne ich über dich nach.

Denn du bist mein Helfer,
und unter dem Schatten deiner Flügel bin ich glücklich.
Meine Seele hängt an dir,
und deine rechte Hand ist mein Halt.

Wer unter dem Schutz des Höchsten wohnt,
wer im Schatten des Allmächtigen ruht,
darf zu ihm sagen:
Meine Zuflucht! Meine Burg!
Mein Gott, auf den ich traue!
Denn er ist's, der dich rettet aus der Falle des Jägers,
aus Gefahr und Verderben.
Mit seinen Schwingen bedeckt er dich.
Unter seinen Flügeln findest du Zuflucht.

Du brauchst dich nicht zu ängsten
vor dem Grauen, das in der Nacht umgeht,
vor dem Pfeil, der am Tag fliegt,
vor der Pest, die im Finstern schleicht,
oder der Seuche, die in der Mittagshitze wütet.
Denn du hast Gott zu deiner Schutzwehr
und fliehst zu ihm wie in eine Burg.
Kein Unheil wird dir begegnen,
und kein Elend umstellt dein Haus.

Denn er hat seine Engel ausgesandt,
die dich behüten sollen auf allen deinen Wegen,
die dich auf den Händen tragen,
damit dein Fuß nicht an einen Stein stoße.
Über Löwen und Ottern wirst du schreiten,
Löwen und Drachen wirst du zertreten.

(So spricht Gott über dich:)
Er hat sich auf mich verlassen,
so will ich ihm auch helfen.
Er hat sich an mich gewandt,
nun will ich ihn schützen.
Er ruft zu mir, so will ich ihn hören.
Ich bin bei ihm in der Not,
ich reiße ihn heraus und hülle ihn in Licht.
Ich sättige ihn mit langem Leben
und lasse ihn mein Heil schauen.

Nun magst du, o Herr,
deinen Diener im Frieden entlassen,
was du versprochen hast, ist erfüllt.
Denn meine Augen sahen das Heil,
das du darbietest,
uns und der ganzen Welt offen und sichtbar.
Ein Licht, das den Völkern zeigt, wer du bist,
und das einen hellen Schein wirft
auf dein Volk Israel.

Israel vertraue auf den Herrn,
er ist seine Hilfe, sein Schild!
Alle, die den Herrn fürchten, sollen hoffen auf ihn,
er ist ihre Hilfe, ihr Schild.
Der Herr denkt an uns und segnet uns.
Er segnet, die ihn fürchten,
die Kleinen und die Großen.
Er, der Herr, wolle euch mehren,
euch und eure Kinder!
Gesegnet seid ihr von dem Herrn,
der Himmel und Erde gemacht hat.
Der Himmel ist dem Herrn eigen,
und die Menschen haben die Erde von ihm.
Nicht die Toten rühmen den Herrn,
keiner von allen, die hinabfuhren in die Stille.
Wir aber preisen den Herrn
von nun an und in Ewigkeit.

Gepriesen sei Gott,
der Vater unseres Herrn Jesus Christus,
der uns gesegnet und beschenkt hat mit allem,
was an Segen des Geistes in der himmlischen Welt ist,
der uns beschenkte durch Christus,
durch sein Wort und sein Werk.

Er hat uns erwählt vor dem Anfang der Welt,
ihm zu gehören in der Liebe,
die ihn und Christus verbindet.
Er hat es getan,
um uns für sich zu bewahren und uns rein zu machen.

Aus Liebe bestimmte er uns, seine Söhne zu sein,
und Christus führte uns in sein Haus,
er, der für uns eintrat. So war es sein Wille.
Dafür preisen wir seine Liebe
und das Licht seiner Freundlichkeit,
die er uns schenkte in ihm, dem Geliebten.

Durch seine Tat empfingen wir Freiheit,
durch den Tod, den er an unserer Stelle erlitt,
Freiheit von all unserer Schuld.
So groß ist sein Reichtum, so reich seine Gnade!
Wie eine Woge der Liebe ging sie über uns hin,
und wir konnten mit offenen Augen sehen
und mit ganzem Herzen begreifen,
was er uns kundtat:
das Geheimnis seines verborgenen Planes.

Was er zuvor beschlossen, was er sich vornahm zu tun,
wenn die Zeit reif sei, das hat er enthüllt:
Das All der Welt unter ein Haupt zu fassen,
unter die Herrschaft des Christus,
was im Himmel und auf Erden ist.

Nun sind wir Söhne in seinem Haus,
von ihm vor Zeiten dazu bestimmt,
von ihm, der alles in seiner Kraft durchwirkt,
wie es sein Wille gebietet.

Wir sollten, das war sein Plan,
der Widerschein seines Lichts sein,
wir, die ihm zugewandt standen
im Warten auf Christus.

Sein Lichtglanz ist heute schon sichtbar an uns,
und wir rühmen ihn, der ihn verlieh.

Wenn Gott für uns ist, wer will wider uns sein?
Er hat seinen eigenen Sohn nicht geschont,
sondern ihn für uns alle geopfert,
wie sollte uns mit ihm nicht alles,
was Gott schenken kann, gehören?

Wer will die Freunde Gottes anklagen?
Gott selbst spricht sie gerecht!
Wer will sie verurteilen?
Christus tritt für sie ein!
Er starb für sie. Mehr noch: Er wurde lebendig,
er thront neben Gott und ist mächtig wie er.

Wer will uns von seiner Liebe scheiden?
Bedrängnis oder Angst?
Verfolgung oder Hunger?
Nacktheit oder Gefahr oder das Schwert des Henkers?

In der Schrift steht:
»Weil wir dein sind, werden wir getötet,
vom Morgen bis zum Abend dauert das Schlachten.
Wie Schafe, die man reihenweise tötet,
so sieht man uns an.«

Aber das alles ist keine Bedrohung.
Wir kennen ihn, der uns liebt.
Mit seiner Hilfe ist uns der Sieg sicher.

Denn ich bin gewiß,
daß weder der Tod noch das bedrohliche Leben,
noch Boten der dunklen Macht,
weder Zufall noch Schicksal,
weder das heutige Unheil noch die Gefahren von morgen,
weder Gewalten der Erde
noch Mächte in den Sternen,
in der Höhe am Himmel
oder in der Tiefe unter meinen Füßen
noch irgendein anderes, von Gott geschaffenes Wesen,
das seinem Willen unterworfen ist wie sie,
uns zu scheiden vermag von der Liebe Gottes,
die uns in Christus erschien, unserem Herrn.

Wenn ich in allen Sprachen der Menschen redete
und sänge in den Worten der Engel,
und keine Liebe wäre in mir,
gliche ich einer dumpfen Brummglocke
oder einem scheppernden Becken aus Blech.
Wenn ich Gottes Gedanken kennte
und alle Geheimnisse wüßte,
wenn ich alle Weisheit der Welt besäße,
wenn mein Glaube die Macht hätte,
Berge zu versetzen, und keine Liebe wäre in mir,
so wäre ich nichts.
Wenn ich mein Gut verteilte

und alle Hungrigen der Welt sättigte,
wenn ich für Christus ins Feuer ginge
und ließe meinen Leib brennen,
und es wäre keine Liebe in mir, es nützte mir nichts.

Die Liebe ist langmütig und freundlich,
sie kennt keine Eifersucht,
sie prahlt nicht und bläht sich nicht auf,
sie achtet auf das, was sich schickt, und verletzt es nicht.
Sie sucht keinen Vorteil
und wird nicht bitter durch dunkle Erfahrung.
Sie rechnet niemandem Böses an.
Sie trauert über das Unrecht
und freut sich über die Wahrheit.
Sie trägt alles, sie glaubt und hofft alles.
Sie beugt sich den Lasten und bleibt geduldig gebeugt.

Unvergänglich ist die Liebe.
Alle menschliche Kenntnis von Gott wird verwehen.
Was Menschen geredet, wird verhallen,
was sie forschten und dachten, zu Ende sein.
Stückwerk ist, was wir wissen,
Stückwerk, was wir über Gott reden.
Wenn aber seine Welt sich auftun wird über uns,
wird das Stückwerk aufhören.

Einmal war ich ein Kind, ich redete wie ein Kind,
ich war klug wie ein Kind und machte kindliche Pläne.
Als ich ein Mann war, legte ich das kindliche Wesen ab.
Jetzt sehen wir Gott wie unser eigenes Gesicht
in kupfernem Spiegel, fremd und rätselvoll,
dann aber klar und nahe, von Angesicht zu Angesicht.
Jetzt erkenne ich eins oder das andere,
dann aber werde ich erkennen,
so klar, wie ich selbst von ihm erkannt bin.

Nun aber bleiben: Glaube, Hoffnung, Liebe,
die Liebe aber ist die größte unter ihnen.

REGISTER

INHALT

Gütersloher
Verlagshaus
Gerd Mohn
Königstraße 23
Postfach 2368
4830 Gütersloh 1
Telefon 0 52 41/18 31

Evangelischer Gemeindekatechismus

im Auftrag der Katechismuskommission der Vereinigten
Evangelisch Lutherischen Kirche Deutschlands.

Herausgegeben von Horst Reller, Hermann Müller und Martin
Voigt.

460 Seiten mit 60 Fotos. Kt. 18,80 DM (unverbindl. Preis-
empf.).

Das Buch möchte ein Begleitbuch sein von der Konfirmation
an, für junge Ehepaare und Eltern, eine Hilfe zur Lebens-
bewältigung und zur Besinnung, für den kirchlichen und für
den Religionsunterricht sowie für die vielfältigen Zwecke
in der Gemeindearbeit.